戒了吧，拖延症

吕楠　李志丹◎著

北京联合出版公司
Beijing United Publishing Co.,Ltd.

图书在版编目（CIP）数据

戒了吧，拖延症 / 吕楠，李志丹著 . — 北京：北京联合出版公司，2019.4（2020.2 重印）
ISBN 978-7-5596-2932-6

Ⅰ . ①戒… Ⅱ . ①吕… ②李… Ⅲ . ①时间–管理–通俗读物 Ⅳ . ① C935-49

中国版本图书馆 CIP 数据核字（2019）第 036601 号

戒了吧，拖延症

著　　者：吕　楠　李志丹
责任编辑：张　萌
封面设计：李艾红
责任校对：胡宝林
内文排版：张　诚
插图绘制：李小永

北京联合出版公司出版
（北京市西城区德外大街83 号楼9 层 100088）
北京市松源印刷有限公司印刷　新华书店经销
字数 210 千字　700毫米×1020毫米　1/16　14.5印张
2019年4月第1版　2020年2月第2次印刷
ISBN 978-7-5596-2932-6
定价：39.80元

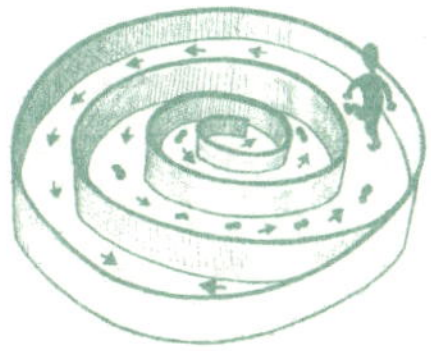

前言

PREFACE

不管什么事都要拖到晚上才开始，白天毫无灵感；“再刷朋友圈就剁手”，没过一会儿就开始释放双手；“我看半小时韩剧，就半小时”，一晃半天过去了；可乐喝完了，薯片吃完了，工作还没开始……这都是我们平常所说的拖延症的典型症状。

据研究表明，“不到最后一刻，绝对不动手”这种症状能够在80%以上的职场人身上发现，而且当问题出现后，往往附带强烈的自责情绪。严重者甚至会整天念叨：我有罪，有罪，罪……

进入互联网社会后，难以量化的工作特点和现代碎片化的生活方式，正在不断加剧拖延行为。而拖延确实正成为温柔的生命杀手。拖延无处不在，它让我们处于自责内疚中，也处于惶恐不安中，让我们错失了很多人生机遇。拖延甚至还会让我们陷入人生的泥潭中不能自拔，使我们变成平庸的人。很多人深知拖延的危害，也一次次痛下决心改正，但往往又陷入新的拖延。

这是因为，拖延是人性的弱点之一，很多人在开始一项任务之前，总会找出一些冠冕堂皇的理由来说服自己拖延，心安理得地享受懒惰带来的放松；拖延有时是因为不够自信，对如何能做好事情有恐惧感，他们常常能找出一些不做的理由安慰自己，不敢面对现实；有的人追求完美主义，为一点点小事没有办好就一直懊恼不已，进而拖延该做的事；有些人自制力很差，容易受外界诱惑，他很可能屈服于眼前的欲望，而把未来更好的选择放在以后……

对于拖延症患者而言，一方面梦想仙境中的玫瑰园出现，另一方面又忽略窗外盛开的玫瑰。明天仅是幻想，现实的玫瑰就是“今天”。拖延所浪费的正是这宝贵的“今天”！ 现代生活的节奏是快速的，每个人都加足马力往前冲，如果你还想歇歇，你只能等待被淘汰。

当然，大多数人都明白这样的道理。于是，我们在各种论坛上都能看到拖延症患者所写的帖子，几乎每个帖子的跟帖者众多，纷纷诉说拖延的烦恼和对自己人生的影响，并寻求解脱的灵丹妙药。

如果你已经认识到自己患上了拖延症，说明你尚未病入膏肓。其实，拖延并不可怕，只要认识到问题的症结，并以积极的心态对待，克服拖延症不是什么难事。

本书正是为拖延症患者们准备的一剂“苦口良药”。在这本书里，从拖延症的行为模式到拖延的危害，再到拖延产生的深层次原因，我们为你解开了这些谜底。而如何战胜拖延症，书中也给出了详细且全面的策略。

只要你阅读本书，从现在就开始行动起来，你完全可以轻松地宣告：战胜拖延，so easy（很容易）！

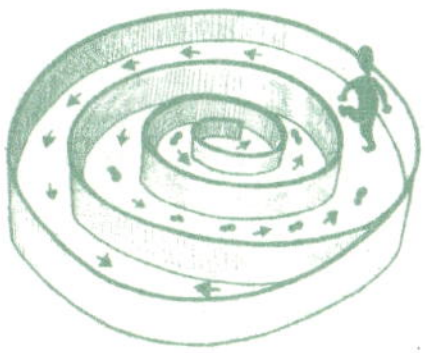

CONTENTS

目录

第一章

当心！拖延症在靠近

如今，拖延症已经成为很多年轻人的时代病。患有拖延症的人，往往在能够预料到后果有害的情况下，仍然把计划要做的事情往后推迟。虽然这不算什么生理上的病症，不过很多人却为此苦恼，因为大多数人都是在不知不觉中，就掉进了拖延症的旋涡。那么，你是否已经罹患了拖延症？你是否在拖延中感到内心纠结？你是否已经成为重度的拖延症患者？……

时间都去哪儿了

“时间都去哪儿了？”几乎所有的人都向自己或别人问过这个问题。

又是一年过去，你也许在认真回顾，给自己订的一年计划并未如期完成，没有完成的真正原因，就是时间在不觉中就已过去。而一年来，自己似乎每天都在忙碌，没有时间学习，每天有做不完的工作，甚至没有时间坐下来喝杯咖啡……

事实真的如此吗？多数人很轻易地相信自己“真的没时间”，不过他们也容易被自己的谎言所欺骗，真正的问题是我们把大量时间都浪费在拖延上。对于拖延带来的时间损失，就连有些历史名人也懊悔不迭。

达·芬奇就是这样一个人。这位欧洲文艺复兴时期的艺术天才，同时涉足了建筑、解剖、艺术、工程、数学等领域，如今他传世的6000多页手稿见证了这位艺术天才的惊人才能。通过这些手稿，人们得以确认达·芬奇是历史上第一个人形机器人的设计者、第一个绘制子宫中胎儿和阑尾构造的人，而这些手稿中的绘画创作方案更是不计其数。

达·芬奇的世界名画《蒙娜丽莎》画了四年，另一幅名画《最后的晚餐》画了三年。实际上，达·芬奇的传世画作不超过20幅，并且其中有五六幅到他去世时还压在手里没能完成。直到他去世两百年后，有关绘画的手稿才被后人整理成书。而更多科学方面的想法与设计至今仍隐藏在那些草图中，成为天才的遗憾。

达·芬奇对自己也有所反思，在一则笔记中他写道：“告诉我，告诉我，有哪样事情到底是完成了的？”这种自责感，与当今我们所体验到的拖延症困扰是多么相似。

人一生的两笔财富是你的才华和你的时间。才华越来越多，但是时间越来越少，我们的一生可以说是用时间来换取才华。如果一天天过去了，我们的时间少了，而才华没有增加，那就是虚度了时光。

虽然多数人都懂得这个道理，但不少人依然对“拖延”情有独钟。每当我们感到疲倦和懒惰时，就能立刻找出乃至创造出一堆不去做某件事的借口。

于是，现代社会的快节奏、高压力，让工作和生活中困扰很多人的拖延现象并未消减。美国和加拿大的统计数据表明，七成大学生习惯于拖延学业，两成以上的普通人每天都会出现拖延行为。

人们习惯在第一时间找借口掩盖自己的拖延行为。都说“时间去哪儿了”“请

◇ 时间总被我们不知不觉地浪费 ◇

我们每人每天的时间都是一样的。而很多人总会给自己找各种各样的借口，让时间白白溜走。

由于拖延，时间就这么被我们不知不觉地浪费了。这严重影响了我们日常的工作和生活效率。所以，要做好自己的时间管理，克服拖延的陋习。

再给我两分钟”，但起床拖延症、工作效率低等症状愈加普遍。

王琳琳正在读研究生，她一直想利用大段空闲时间完成一篇专业论文。在寒假前就制订好了计划。王琳琳回到家后，先是和老家的同学天天聚在一起：滑雪、吃饭、唱歌、逛街。反正写论文的事不差这几天嘛！一个多星期过去了，她的计划只是放在心里，晚上睡前想一想，叹息一声。

过了几天这样的日子后，王琳琳下决心在微信圈里留言：从明天开始静心写论文。两周后，朋友打电话问她论文完成得怎么样。王琳琳的回答是“没有”。

朋友奇怪：“那你每天在家干吗？”王琳琳回忆了下说：“好不容易放假，得睡到自然醒吧。起床后吃了早饭就打开电脑，正准备写，但一时间又找不到写论文的思路，想着不如等等，听会儿音乐，抱着手机跟朋友聊聊微信、刷刷朋友圈，上网在淘宝上看看衣服。结果到了晚上，论文也没开始写。然后，心里想着，等明天再重新开始吧。”

像王琳琳这样的人并不在少数，他们总是习惯性地拖延，时光当然在一天天的拖延中白白浪费了。当时间过去，拖延者不自觉地认同“时间是幻觉”的概念。他们生活在主观时间和客观时间的严重冲突中，并一直在其中挣扎。因为人们往往会急于去做即时的事情，而不做对未来很重要的事情。这体现了人类的某些天性，也是拖延对人的影响会这么大的原因。

可以说，没有别的什么习惯比拖延更能使人怠慢。拖延是可怕的敌人，是时间的窃贼，它会破坏人的品格，失去好的机会，夺去人的自由，使人变为它的奴隶。

“病态”的悠闲：还有明天

“拖延”一词最早出现在美国人类学家爱德华·霍尔于1942年出版的书里。“拖延”的拉丁原文“Procrastinatus”，意为“推迟至明天做”。

英国作家塞缪尔·约翰逊曾这样说：“我们一直推迟我们知道最终无法逃避的事情，这样的蠢行是一个普遍的人性弱点，它或多或少地盘踞在每个人的心灵之中。”的确如此，人们习惯拖延，这是不少人普遍存在的一种思维倾向。在拖延患者眼中，明天就是一种幻象、一个可以充满无限遐想的时间。

“今天不想做了，不是还有明天吗？”

“等明天再说吧，我今天实在有点累了。”

“明天还有大把的时间，这点事花不了多少时间。”

…………

如此种种，“明天”的借口无处不在。正是借助于这样的幻想，“明天”就成为拖延者最好、最安全的藏身之地。与此同时，“明天”出入各种场合，攻占着人们的思维漏洞。难怪有人这样说：“毁灭人类的方法非常简单，那就是告诉他们还有明天。因为告诉他们还有明天，他们就不会在今天努力了。”

于是，办公桌上堆叠的资料总不愿意去整理，直到找不到想要的东西才不得不去收拾；面对堆积如山的待做项目，总想着等等再开始；该打的电话，常常要等到一两个小时以后才打；这个月该完成的报表，有时要拖到下个月……

很多人习惯性地把今天要解决的事拖到明天，或许是今天做了太多的事情，或许今天情绪不佳，或许今天做事总是出错，总之今天就不是一个好日子。在拖延者眼里，明天是心中所期待的未来，他们对明天充满了无限憧憬。

我们不妨看看普通人小李的工作轨迹：

小李是公司策划部主管，他工作认真、积极，但拖拉的毛病连自己都烦恼不已。

星期一，小李在上班途中就已经下定决心，当天要着手草拟下一年度的部门预算。小李9点整开始工作，但他需要整理一下办公环境，顺便浏览一下新闻。半个小时之后，办公环境已经焕然一新，并且他还泡上了自己爱喝的咖啡。

正当他准备埋头工作时，电话铃响了，原来是一位顾客的投诉电话。小李连解释带赔罪地花了20分钟的时间才说服对方平息怒气。

此后，又有几名员工来请示工作，等安排完下属的工作后，他一看表，已经10点45分了，距离11点的部门例会只剩下15分钟。他想，反正在这么短的时间内也不太适合做比较庞大耗时的工作，干脆把草拟预算的工作留到明天做吧。

看小李的工作状态，是不是有我们自己的“影子”？“明天开始吧”，这是我们惯用的话。但是，明天又会怎样？我们对今天和明天的感觉总是不一样的，总是觉得明天会有更好的精力、更充裕的时间。然而很多时候，明天也许会是“今天”的重复……

我们每个人都应当极力避免将今天的事拖延至“明天”。大多数情况下，一件事总是有期限，这跟我们所买的商品有保质期是一样的。结果是，“今天”你拖延了，“明天”你不得不面对拖延的后果。

对拖延症患者来说，除非在做事情的过程中得到极大的成就感，否则人们往往倾向于拖延。然而，大多数人日常所做的事情并非那么富有激情，拖延也成为人们的潜在倾向。由于人对负面情绪自发的逃避机制，当我们因为去做一件事而感到恐惧、厌恶、抵触、焦虑的时候，拖延经常会自动找上门来。

拖延者知道立即采取行动有困难，于是“凡事向后推”就成为一种人生策略，不断拖延，并希望在还未到来的“明天”能自然解决所有问题，但这几乎是一种奢望。拖延者尽管总是有足够的理由说服自己，但这只不过是自我妨碍与自我逃避。

如果说一件事不存在截止期限，那么拖延自然是再美好不过的事，因为总会有明天。很多人会以为明天很美好，把事情寄托在明天完成，可是他们丝毫不知道——不做好今天的事情，其实根本就没有美好的明天。

◇ 今日事今日毕 ◇

拖延是一种顽疾，如果想要克服它并且养成“今日事今日毕”的习惯，就要下定决心，准备洗心革面。

1. 列出你立即可以去做的事情

你可以在每天早上工作开始之前就完成这项步骤，通常从亟须解决的事情开始。

2. 计划内的事情就努力坚持下去

要求自己针对已在计划内的事项不间断地做五分钟，时间一到就停下来，休息片刻后重新开始。当你慢慢变得不需要停顿时，你就可以欣赏自己的成绩了。

借口和自我欺骗：如何招来拖延之患

你的周围是否也有被视为“借口大王”的人，他总会有再等一天的理由，总会有不做任务的借口，在他们口中，经常有这样的说辞：

“离最终日期还有好几个星期。”

“我几个小时内就能搞定它。”

“我在压力下工作更为高效。”

毫无疑问，另一天终归是另一天。很快一周时间过去了，一个月时间过去了，他所做的事仍然毫无进展。为什么他就看不出来，自己是在掩饰没必要的耽搁，自己所做的只是让借口合理化，从而不断地自我欺骗呢?

大概所有的人都有这样的思维特点：对于该做而没有做的事，总能找到充分的借口和理由。一旦找到借口，无论是否能说服别人，至少自己的心理已经获得平静。这几乎成为了一种思维完成，找到借口，就相当于开具了能麻痹自己的精神良方。

有很多人尝到了借口的“甜头”后，便一发不可收拾，从此陷入了借口的牢笼中。事情还没有开始，各种借口便接踵而至，他们在享受各种借口带来的“便利”的同时，生活却陷入了一团糟。

下面的一则小故事或许会对你有所启发。

老师带着他的学生，一起来到某贫困村庄中最贫穷的一个家庭。虽然有心理准备，但是他们还是被眼前的贫穷震惊了：八口之家，破败的房子、蓬乱的头发、孱弱的身躯，以及粗糙的衣服、悲哀的面容，悲惨到无以复加的地步。全家赖以为生的只有一头奶牛，来访的老师在临走时，却将这头奶牛偷偷杀掉了。学生被老师的行为震惊了，质问老师为何这样做。老师不做任何解释，也毫不关心这户可怜的人家失去他们唯一的“谋生工具”之后命运将如何，径自走了，学生也随之不声不响地走了。

回到城里的头几天，学生还在担心那家人会不会已经饿死了，偶尔睡不着觉时也会自责一下，但很快就淡忘了这件事。直到一年之后，老师建议再次旧地重游，学生的罪恶感才又被勾出来，恼怒于当初老师的行为毁掉了这家人，但自己作为帮凶也是难辞其咎。

谁知到了那里却发现，破房子已经换成了漂亮的新房子，肮脏、贫穷的主人变得快乐、健康而富足。难道奇迹发生了？听了主人的讲述，才知道他有过怎样的经历。当初他们唯一的谋生工具奶牛意外死亡后，这家人经历了绝望和痛苦，最后为了生存只能另谋生路，开辟空地种菜。谁知，他们种的菜不仅能自给自足，还能有多余的可以卖钱，并走上了发财致富之路。

这个故事来源于美国畅销书《谁杀了我的牛》。在这里，“奶牛”象征了所有的借口、托词、理由、谎言、“合理化”的解释、恐惧和错误信念，正是它们将你与平庸的生活捆绑在一起，阻碍了你去实现真正想要追求并应该获得的理想生活。可悲的是，在拖延问题上，我们实际拥有的“奶牛”可能比我们愿意承认的多得多。

事实上，很少有人愿意承认自己是在编造借口，我们常喜欢把借口看作事实或对现实状况最合理的解释，并把它们当成无法控制的因素。但是，更多的借口背后

◇ 找借口的危害 ◇

借口让我们暂时逃避了困难和责任，获得了些许心理慰藉，但是借口的代价无比昂贵，它给我们带来的危害一点也不比其他任何恶习少。

1. 借口让人不思进取

寻找借口的人大多是因循守旧的人，他们缺乏一种创新精神和自动自发工作的能力。借口会让他们躺在以前的经验规则和思维定式上舒服地睡大觉。

2. 借口让人消极颓废

如果养成了寻找借口的坏习惯，遇到困难和挫折时不是积极去想办法克服，而是去找各种各样的借口，让“我不行，我不可能做到”这种消极心态剥夺了个人成功的机会，最终就会一事无成。

所以，我们要改变对借口的态度，把寻找借口的时间和精力用到努力工作中来。

其实是个人的惰性心理作怪，因为选择了借口就意味着能享受到“便利”。在办公室中，在商店里，在生活中的每一个地方，我们都能运用借口带来的“便利”。殊不知，在找借口与自我欺骗的同时，也给自己带来了各种拖延的恶果。

每个人心里都有头“奶牛”，当我们不断拖延该做的事时，当把自己不理性的恐惧解释成“谨慎小心”，拒绝挑战而用“不想好高骛远”来辩护的时候，就表示“奶牛”已经出现了，我们的拖延症似乎已经朝着越来越严重的方向发展。

因此，我们要杀死“奶牛”！因为心中的“奶牛”会引导我们继续拖延，它是阻碍我们不断进步的敌人。

漂亮的计划，不漂亮的执行

过于漂亮的计划甚至有可能会毁掉一个人，这样的说法可能让人费解。事实上，漂亮完美的计划有时不过是个幌子，因为做计划并不是一个最有效的手段——计划和执行两个环节中间，并不是无缝衔接的。这就是为什么你能做出很漂亮的计划，但不能漂亮地执行。

举个生活中的例子：我们经常“今天先放松一下，明天要努力工作”。相反，有拖延症的人往往做到了“今天放松一下，明天再继续放松一下”，这是为什么呢？

从当前的时点来看，人对今天努力工作和明天努力工作的感觉不同。你想的是“明天我要完成几份企划案”，而在预构这个场景的时候，你并不能准确估量明天从事这个工作给自己带来的痛苦，而当下开始所带来的痛苦是真切的。现在告诉你一周之后你要拼命工作，和现在开始拼命工作，前者总会让我们觉得更容易达成。这也就是说，拖延症患者的自控能力越差，拖延症越严重。

你能做出很漂亮的计划，但不能漂亮地执行计划。而观察那些成功人士，他们的思想水平和角度可能千差万别，但执行计划的能力是必备的，他们也许没有漂亮的计划，但绝对可以有漂亮的执行。

又是新的一天了，小王为自己多日来的懈怠而有所“良心发现”。“我是不是该制订一个详细计划，然后严格按计划执行？这样，既不至于太累，也能保证完成任务。”小王从早上开始就琢磨着这件事。

对，就是要先制订计划！他来到工位上，对着电脑屏幕，看着日历，聚精会神地写着什么。老板正好路过，看到小王如此聚精会神的样子，满意地笑了笑。计划表很快就出来了，小王颇有成就感，他把每天的工作又进行了细分，而自己内心也充满满足感。

计划完美无缺，该行动了吧？可是，今天的任务还真艰巨，小王开始意识到，

◇ 有计划却无法完成？三步提高你的计划执行力 ◇

为了提高计划执行力，我们可以做什么呢？

1. 计划切勿贪多，合理取舍

目标切勿太多，要结合自己的实际情况进行取舍。否则，一旦过多，会让自己无从下手，最后什么都完不成，反而更大程度打击了自己的自信心。

2. 增加时间节点，让行动更迅速

等等，等等，再等等，等到的却是“拖延症”光临。为自己的计划限定一个期限，比如：一个月看一本书（每个月最后一天验证）等。

3. 制订奖惩，让行动更高效

当计划没有完成时，给自己一些惩罚，让自己记住。至少可以增大下一次计划完成的可能性。

今天的时间似乎不太够用，甚至还可能得加班……怎么办？突然他又充满了焦虑。为了保证今天能完成计划，他强迫自己坐在电脑前看资料。可是，他的心似乎有点不听话，总想着上上网，找人聊聊天。他甚至在内心咒骂自己："你有点自制力行不行？你的计划白订了吗？"

刚打印出来的计划书还有余温，他暗暗使了把劲：没问题的，我从现在开始认真看资料，一切都来得及！经过了一个上午，资料终于看完了。有计划就是不一样，工作效率也比平时高多了，小王心里这个美，还暗暗称赞自己："状态忒好了！要一直坚持下去。"

时间到了下午，小王想，上午的工作效率还可以，下午可以稍微轻松一点了。喝点咖啡，浏览网页，稍微一走神儿，两个小时过去了。下午三点半，距离下班还有两个小时。一看时间，赶紧准备写文案，这回他倒是挺自觉。写了一会儿，小王有点乏了，似乎再也找不到上午的精神头。既然暂时找不到什么"灵感"，那就放松一下再继续吧。不知不觉到了下班的时间，但小王实在找不到"灵感"，还是等明天再说吧，打卡，走人！

对于自制力差的拖延者来说，做计划绝不是一个好主意。就像小王，能做出一个漂亮的计划，却无法漂亮地执行。想想看，有时候真正吸引我们的并不是完成事情本身，而是做计划时可以"幻想完美"，是这种幻想带给我们短暂的愉悦。哪怕这种愉悦注定不能延续到执行的过程中，但这份愉悦仍然让我们在当下不停地做着计划。

从计划到执行，需要不断地提升自控能力。想法初步定了，行动就一定要跟上。如何把自己手头的任务完成到最好，关注眼前的任务并做到极致，才是最重要的问题。而完美的计划如何形成，要有什么样的目标，这些并非不重要，只是要有前提。

专注于眼前的事情，这点实在很重要。

零碎的"小岔子"

一天的时间对每个人而言都是公平的，拖延的人到底拿这些时间做了什么？他们似乎一直在忙忙叨叨，但摆脱不掉"拖延"的标签。

每天都在忙工作，但每天的成效并不显著，这种现象常常会发生在我们自己身上。工作中事务繁重，常常难以避免被各种琐事、杂事牵着鼻子走，也就是我们常说的"小岔子"。不少人由于没有掌握高效能的工作方法，而被这些"小岔子"弄得筋疲力尽、心烦意乱，总是不能静下心去做最该做的事，或者是被那些看似急迫的事所蒙蔽，根本就不知道哪些是最应该做的事，结果白白浪费了大好时光，导致工作效率不高，甚至拖延了工作的完成。法国哲学家福柯说过："把什么放在第一位，是人们最难懂得的。"

被各种"小岔子"纠缠，导致精力分散，无法高效地工作的现象俯拾即是。而这也戳中了财经编辑张丽的痛处。在这个美好的清晨，张丽是这样工作的。

上班时打开电脑，张丽一副兴致勃勃地准备干活的架势，各种网页窗口排满了电脑屏幕，新建Word文档已经拟好了标题，办公桌上摆满了可能要用到的书籍、资料……不过，这并不意味着她这一天的工作已经开始了。因为，还有一些问题她需要"关注"一下。

看新闻，不过不是财经新闻，而是娱乐资讯，这几乎成了她每天的功课，虽然占用不了多少时间；看视频，不是什么财经名人的讲坛，而是搞笑视频，她喜欢一天的工作从欢乐开始，这也占不了多少时间；看微信，自己发点感触，看看朋友圈的内容，不能与朋友圈脱节，这也占不了多少时间……等这些事都做完了，想要摒除一切杂念开始工作时，已经过去将近一个小时了。

当她好不容易进入工作状态中，零零碎碎的"小岔子"并没放过张丽。自己收了两个快递，给同事代发了一个快递，老同学来京打电话联系晚上一起吃饭，在同事QQ群里再贫上两句，不知不觉一上午的时间就这么过去了。

回过头来看，张丽一上午的时间似乎没闲着，但电脑上的Word文档上只多了几段文字而已。已经到午饭时间了，没办法了，下午接着干吧。再见了，上午！

拖延者总是喜欢把最重要的事无限地往后拖，在上班时做一些无关紧要，甚至是没有用的琐事。譬如张丽，如果没有刷微信，没有聊QQ，也许她的稿件用一上午时间早就写出来了。可惜，人生没有那么多假如，错过的就是错过了，时不我待。

拖延者的思维，采用的是心理上开小差的方式，传达出的信息是一样的："我先看会儿网页，不耽误时间""我先处理好这件小事，只是举手之劳"，等等，殊不知很有可能这就是正在拖延的信号。

一个不在这些"小岔子"上耽误工作的人，会有效地安排大小事务，做到轻重缓急心里有数，不被琐务牵着鼻子走。如何不被这些"小岔子"牵着鼻子走，变为有主见、高效率的人，拖延症患者就要学会时刻牢记要把最该完成的事情放在第一位。如果，事无巨细，任由"小岔子"不停地打扰自己，势必会造成手忙脚乱，落到"两眼一睁忙到熄灯"的境地。

懂得园艺的人都知道：为了使树木能更快地茁壮成长，为了让以后的果实结得更饱满，就必须忍痛将一些旁枝剪去。若要保留这些枝条，那么将来的总收成肯定要减少几成。做事就像培植花木一样，只有舍弃那些"小枝小杈"，才能让自己的全部精力放在主枝上，并且全力以赴地去做好。很多拖延者做事拖延，并不是因为他们喜欢拖延，而是他们不能判断哪些事是"岔子"，使得自己的精力浪费在了一

◇ 如何判断“最重要的事” ◇

面对每天大大小小、纷繁复杂的事情，如何分清主次，把时间用在最重要的事情上呢？下面是三个判断标准：

1. 我必须做什么

这有两层意思：是否必须做，是否必须由我做。非做不可，但并非一定要亲自做的事情，可以委派别人去做，自己只负责督促。

2. 什么能给我最高回报

应该用 80% 的时间做能带来最高回报的事情，而用 20% 的时间做其他事情。所谓“最高回报”的事情，即符合“目标要求”或自己能高效处理好的事情。

3. 什么能给自己最大的满足感

最高回报的事情，并非都能给自己最大的满足感，均衡才能和谐满足。因此，无论多少事情缠身，总需要分配时间于令人满足和快乐的事情上。唯有如此，工作才是有乐趣的，并易保持工作的热情。

通过以上“三层过滤”，事情的轻重缓急很清楚了，然后，以重要性优先排序，你就能发现对你来说最重要的事是什么了。

些没有意义的事情上，从而最终造成拖延的恶果。如果把那些“枝杈”都剪掉，使所有养料都集中到一个方面，那么他们将来一定会惊讶——自己的事业树上竟然能结出这么美丽、丰硕的果实。

为此，我们应该懂得把最重要的事情放在第一位，静下心去做最该做的事，不再被琐事牵着鼻子走，从而使自己的工作能稳步高效地进行。

失败恐惧症带来拖延

很多拖延者害怕自己的不足被发现，害怕付出最大的努力还是做得不够好，害怕达不到要求。这种恐惧失败的心理很可能让拖延成为“有效”的心理策略。

他们通过拖延来安慰自己，试图让别人相信他们的能力要大于其表现，他们会认为：自己的潜在能力是出色的、不可限量的。于是，有些人宁愿承受拖延所带来的痛苦后果，也不愿意承受努力之后却达不到要求所带来的羞辱。对他们来说，拖延比人们视其无能和无价值容易忍受得多。

那些拖延的人往往还没有意识到他们是完美主义者。为了证明他们足够优秀，他们力求做到不可能做到的事情，但面对不现实的期盼，又会变得不知所措。失望之余，他们通过拖延让自己从中退却。

陈润在大学里学习成绩十分优秀，并考入了一所竞争激烈的法律院校。毕业后，带着无比的自豪，他进入了一家颇具声望的律师事务所，他甚至希望自己最终能成为事务所的合伙人之一。

陈润参与到一个案件中，他对案件做了很多思考，但是不久他就开始延误很多他该做的事情：必要的背景调查，约见客户，撰写案件小结等。他想要他准备的内容无懈可击，但是面对如此之多的线索，他感到简直无法承受，不论早晚，他都会陷入僵局。虽然他每天很忙碌，但是他知道自己这些天没有做成任何事情。

这似乎有点令人匪夷所思，学校里优秀的陈润应该可以成为出色的律师，他为什么要通过拖延来回避自己梦寐以求的工作呢？最主要的原因在于他害怕失败，害怕失败的想法让他宁愿拖拖拉拉，也不愿自己的表现被人评判。

对陈润来说，刚开始的工作是衡量他是否具有做一个好律师的能力，但如果他没有被人刮目相看，那么他将会受到轻视。他认为自己无法承受这样的结局。

易卜生说：“如果你怀疑自己，那么你的立足点确实不稳固了。”当你总是怀疑自己行不行、能不能，那么往往会影响你做这件事的决心，甚至放弃做该事情，从而产生拖延行为。

这无疑是十分糟糕的，这种恐惧会让我们在做某些事情的时候变得懦弱，甚至变得懒散。当领导交给你一份工作时，你怀疑自己做不好，担心在操作中出问题，

◇ 三个方法教你战胜自我怀疑 ◇

有时候拖延是害怕尽了最大的努力，得到的结果却达不到预期，从而陷入自我怀疑中。而要战胜自我怀疑，可以：

1. 暂停

当你感到不知所措时，休息一会儿，不要放弃，给自己一些喘息时间：小睡片刻、散散步……做些其他的事情，回来后便感觉活力满满。

2.放心去做让你畏惧的事情

顾虑越多，就越畏惧。所以，停止顾虑，尽管去做。大多数时候，事情并不像我们心中想的那样糟糕。

3.寻求帮助

伸出寻求帮助之手，把你的怀疑告诉你的朋友，征求建议。你的朋友会非常高兴能够帮助你，并且你的心情也会因此舒缓很多。

你在工作中战战兢兢，当别人只需要一两天就能完成的工作，你却需要三四天甚至是一个星期时，最终的结果就是不断地拖延。

临近下班时，聂小平把做好的方案传给了领导，心里终于松了一口气。在他看来，这个方案虽然没有体现出他真正的实力，看起来也没有多少亮点，但版面设计清晰、美观，还是有可取之处的。

第二天早上上班，聂小平就收到了领导发来的邮件，点开一看也是一份创意策划书。这份策划书从故事构思，到文字表述，再到广告语，都体现出了创新性，很打动人。

“领导发给我这个是什么意思？”聂小平心想。

答案很快就揭晓了。领导叫聂小平到办公室，说：“你看一下，这是新来的实习策划做的。这个策划案，他用了不到两天的时间，我觉得创意还是挺不错的。你的那个策划案可以借鉴学习一下。”

领导的意图再明显不过了，聂小平当时只觉得自己口干舌燥，内心烦乱，甚至有点压抑。这一刻，他甚至开始怀疑自身的能力了，自信心受到了严重的打击。在领导眼里，他这个公司的“老人”没能给领导一个漂亮的策划案，可新来的实习策划做到了。

“为什么新来的策划都能做出来，我却做不出来？他就用了不到两天的时间，我却花了三四天的时间来看资料？是不是我的能力真的不如他？”这几乎成了小聂的“心病”，折磨了他很久。在后期修改和完善这个策划案时，他觉得自己一直找不到状态，几经拖延，这个方案仍然没有得到提升。

最后的方案由领导出面反复与客户协商，才勉强被对方接纳，可想而知，这样的结果对于聂小平而言，无疑是个“大跟头”。聂小平在后来修改方案的过程中不断拖延，最终还是没有让客户满意，主要原因在于他对自己能力的质疑。因为对自己能力的不自信，使得他不能完全放开手脚、集中心思去修改方案，而他的潜在能力也被束缚了。

如果我们在做一件事情的时候失败了，如果我们过度在意成败或对自己深切自责，便会产生挫败感，继而产生逃避心理并养成拖延的习惯。我们需要做的是，减少对自己的怀疑，提升做事的效率，避免因此而产生的拖延。

网络让我们在拖延的路上越走越远

美国加利福尼亚大学的心理学家简·博克说：“全世界拖延者的数量越来越多，互联网是罪魁祸首。网络逐渐成为人类逃避工作的首要借口和避风港。网络触手可及，一天24小时，一周7天永不停息，随时可供打发时间，任何时候都可以在上面冲浪、聊天、看电影、玩游戏，这比工作容易得多。”

的确如此，伴随互联网的发展，人们花在网络上的时间越来越多，而人的注意力极容易被分散，部分人的拖延症便由此而生。有同样经历的人恐怕不在少数。

如今是互联网时代，互联网已经深刻影响人们生活的方方面面，在互联网带来信息便利的同时，可供消遣娱乐或打发时间的优势已成为不少人逃避工作的借口。这是因为，人们的日常工作大多离不开电脑，每天的工作几乎都从启动电脑、登录网络开始，常常被网络信息“诱惑”，从而把该做的工作推后、拖延。这也是网络被不少人视为“拖延症”的罪魁祸首之一的原因。

有人说，拖延症是互联网时代的重要特征，这种说法有一定的依据。互联网时代是一个信息爆炸的时代，所以对于一个现代人来说，他的注意力会彻底碎片化，大脑每天都要消化大量的信息，只不过这里面包含着垃圾信息，相当多的时间和精力都被这些垃圾信息白白地消耗掉，他将因此患上极其严重的拖延症……

小黎是一名高中生，和大多数年轻人一样，他的喜好是上网。晚上7点左右他就完成了其他作业，坐到电脑前，因为他今天还要写完一篇作文。写作文当然要搜集素材，于是他开始上网寻找。他预期8点就写完作文，可等看完论坛，已经9点了。这时，他觉得不能再拖延了，于是一边看一边写，最后变成只看不写。就这样，时间到了11点。作文依然没有完成，还是洗洗睡吧，没有完成的部分，明天再写。

实际上，我们也能很轻松地理解，我们或多或少都有类似于小黎这样的拖延经历。当我们无所事事地在电脑上刷网页、微博等等，或者是在手机上刷朋友圈，不经意间一天的时间很快就会过去。

互联网对我们生活的影响是巨大的，科技改变了我们的生活。无处不在的网络、智能手机、平板电脑等等，我们无时无刻不在依赖着这些东西。但是，我们可曾想过，每天临睡觉时，我们没有因为这忙碌的一天而感到充实，自己浏览的那些网页和信息，并不是有效的信息。看过之后，只是乐呵一下便忘记了，仅此而已。

的确如此，我们有电脑、有手机、有网络，这给了太多拖延的借口和便利，我们唯一能做的就是远离手机、远离网络。

选择在自己头脑最清醒的那段时间，把自己的电脑当作已经断开网线的状态。也许最初你对此还挺不适应的，因为在工作的过程中，你有时需要上网查资料，有时则需要在网上和别人联系。如果有些资料不立刻去查，眼前的工作就没法干下去了，或者还会碰到一些只有上网才能搞定并且特别紧急的工作，只有遇到这样的情形，你再开始上网。如果是那些不用立刻去查的资料，还有那些必须借助于网络但不太紧急的工作，你可以将它们都记在工作手册上，回头找时间完成。

归根结底，在做事情的时候，关闭电脑、关闭网络、远离智能手机，当我们远

◇ 如何改善、避免网络拖延症 ◇

伴随着互联网的发展，人们花在网络上的时间越来越多。而人的注意力极容易被分散，部分人的拖延症便由此而生。要改善网络拖延症，需要：

1. 确立详细的目标获取动力

学会把任务融入人生轨道，如希望自己今年在哪方面有所突破，就遵循这一目标去做，做出系列作品或成绩，从而得到提升。

2. 自我增值，丰富生活

工作之余要懂得生活，平时多些体育锻炼，多与朋友沟通交流，多参加一些娱乐消遣，学会把生活与工作平衡好，形成良好的工作习惯，“戒掉”拖延行为。

3. 学会鼓励自己

对于工作上的完美主义者，要学会经常对自己说，我现在的状态已经很好了，可以开始了。有一点进展都要鼓励自己，要知道一点错误都不犯是不可能的，没有人能做到完美。

离这些，你的生活并不会受到实质影响，而且你将有更多的时间去做自己应该做的事情。

如果你能坚持一段时间，你也许就会进入这样的工作状态：工作是工作，上网是上网，这将会大大提高你的工作效率，它使你可以很轻松地完成每日的工作计划。更为重要的是，这种工作方法还有可能治愈你的上网成瘾型拖延症。

解读：

拖延症的三种类型：鼓励型、逃避型、决心型

“拖延症”现在几乎成了社会的一种通病，引起了不少学者的研究兴趣。心理学家根据拖延者的不同表现形式，将其分为以下三种类型：

一、鼓励型

鼓励型拖延症，或者说找刺激型的拖延症，这样的拖延者盼着在最后完成时间内忙碌带来的快感。一个人认为自己五天之内可以完成一件任务，当还有两个星期的时候，他绝对不会去考虑开始为这件事情做一些准备，直到最后剩五天的时候才开始。

有些人非常享受在这种紧迫感下完成任务给自己带来的乐趣，觉得压力就是一种动力。并且从结果上来看，效果一般都还差强人意。所以由此强化了某些人把事情一拖再拖直至最后的心态，并且对他们的拖延行为进行暗示，强化这种判断。

不过，另一方面，鼓励型拖延者获得额外快感往往是一时的，只是在完成任务的那一刻，在最后完成任务之前的那段时间，拖延给他们带来的内在精神上的折磨，令其感到后悔和深深的痛苦。当然，鼓励型拖延一旦开始，就会很难戒掉。

案例：

一个以写作为生的自由职业者小凡在讲到拖延时是这样说的：“如果我在截稿日期的三个星期之前开始工作，我得实打实地工作三个星期。我宁愿等到只剩三天时间，这样我只有三天时间是辛苦的，至少另外两周半时间我可以过自己的生活。”在他看来，不到最后一刻坚决不出手。

他并非没有反省过拖延的危害，但他觉得要是没有了拖延，自己真的很难在紧迫的时间内找到写作的乐趣。

二、逃避型

对于某些拖延者而言，过去一些失败经历的记忆会长期停留在脑海中，从而形成心理畏惧。当他们面临类似的问题时，就有一种逃避的欲望，而最好的应对方法就是不断拖延。

那些逃避型的人害怕再次失败，他们害怕被人看出自己的软弱和无能，从而通过拖延来掩藏自己。所以，他们推迟送出应聘信，以至于影响了他们被录用；他们推迟参加马拉松跑步的训练，从而使自己在比赛中无足轻重；他们延误学习，从而使自己成为升学考试的出局者……

但是，逃避不是解决问题的办法，必须明确这一点。

案例：

设计部的小晖虽然很有才气，但却是公司知名的“拖拉机”。比如上周总监给部门开会，说是接下一个大单子，要设计部门全力配合，做出一套完美的设计图。总监把主要任务交给了小晖，要求内容前卫、时尚，还说“非常看好你”，搞得他心理压力很大。

小晖不由得想起自己刚来公司时，也是接受了一个大项目，结果完成得并不好。这让他现在深感压力，于是他整天在思考这个方案，茶不思饭不想，却没想出让自己特别满意的切入角度。这两天休息，总监也没让他清闲，反复打电话来催，有一次还在电话里发了脾气。

小晖这一周来的日子其实很难过，虽然整天坐在电脑前，但始终无法开头，从天亮坐到天黑，发现自己不是在MSN上聊天，就是不停地刷新微博，甚至还会去看自己平时很少关心的国际新闻。

其实拖延的人真的不是所谓的懒惰或者没有责任心，而是混杂着内疚、焦躁、逃避等种种复杂情绪，于是他们去做一些有趣或有益的事情来逃避工作，甚至还会去做一些平时讨厌的事情，其目的之一在于暂时逃避现实，小晖就是这样。

三、决心型

决心型拖延者容易受到外界或自身因素的影响，他们手头有紧迫的任务，却迟迟不去动手。作为决心型拖延者，他们往往制订好了完美的计划，却始终看不到他们的行动。

对于迟迟不下决心或者下不了决心的人，他们需要做的是对自己“狠”一点，而不是总停留在口头的层面。

案例：

几年前，临时居住在印度的美国经济学家乔治·阿克洛夫计划了一件简单的事情：将一箱衣服从印度邮递至美国。这些衣服是他的一个朋友来看过他之后落下

◇ 拖延症的模式 ◇

人人都有可能染上拖延症，它对不同年龄、不同层次、不同领域的人都会产生同样的负面影响。尽管都是拖延，但拖延的模式有很多种，常见的有：

1. 瞎忙型拖延

很多人总抱怨没时间吃饭，没时间睡觉……说自己分身乏术。实际上，他们忙了半天，也没忙出什么名堂。

2. 被动型拖延

想与每个人都融洽相处，不愿意得罪任何人，有时为了避免反对意见，在他人面前唯唯诺诺，放弃自己的观点和权利。

3. 侥幸型拖延

明知道某些习惯不好，某些行为可能会带来麻烦，却还是心存侥幸，认为倒霉的事不会这么巧偏偏发生在自己身上。

的，所以阿克洛夫急着想将它们送回去。但是考虑到邮寄衣服会遇到一个问题——印度的官僚体系，再加上阿克洛夫自己称作“我在这些事情上的无能”而使之成为一件麻烦事——他估计邮寄衣服将可能占去一整个工作日的时间。于是他一周又一周地推迟处理这件事情。

这样一直持续了八个月之久，直到阿克洛夫自己都快要回国了，他才不得不去解决这个问题——另外一个朋友恰好也要寄一些东西回美国。于是，阿克洛夫得以将他需要寄回美国的衣服连带着一同捎回去。考虑到洲际邮件的不稳定性，阿克洛夫很有可能比这批衣服提早到达美国。

第二章

可怕的真相：拖延害你有多深

有人认为："拖延其实就是一种慢性自杀。"这不是危言耸听，拖延会慢慢地消磨人的心智，慢慢地吞噬人的健康，这听起来是否比死亡更可怕?

拖延症的危害是广泛而严重的。在不断拖延的过程中，人们所面对的事情、问题、麻烦不会减少、不会消失，反而会更多、更严重，越是拖延，内心越是焦躁，越往后心理压力越大。拖延行为会使人浪费时间和精力，难以达到自己的预期目的，遭受种种损失。在拖延中焦虑，在焦虑中又拖延，如此恶性循环，生活不顺利，工作低效率……

如果你还没意识到拖延症的负面威力，那你真的有必要了解拖延症所带来的可怕"真相"了。

拖延与颓废：能力在拖延中衰退

拖延是一种很坏的习惯。今天该做的事拖到明天完成，现在该打的电话等到一两个小时后才打，这个月该完成的报表拖到下个月，这个季度该达到的进度要等到下一个季度，等等。

因为拖延，没有解决的问题，会由小变大，由简单变复杂，像滚雪球那样越滚越大，解决起来也越来越难。从自身角度来说，过了一段时间，当你再次想起来强迫自己继续时，你会发现自己无法具备当初的工作能力了。事实上，拖延将使你的能力不断衰退。

林晃在一家公司做产品工艺设计，他经常埋怨、找借口、推卸责任，还利用工作时间和同事聊天，把工作丢到一旁而毫无顾忌。别人提起，他总是说："等一会儿再做""明天再做，有的是时间"……

渐渐地，他做事变得拖沓起来，效率低下。要他星期一早上交的方案，到了星期二早上依然未做完。经理批评他，他就带着情绪工作，把方案做得一塌糊涂。后来，林晃在接到工作任务时，不是考虑怎样把工作做好，而是能拖则拖，没有主动性。时间长了，他已经无法掌握工作的要领了，而且因为同事们的迅速成长，他成了公司最末流的员工。因为能力低，不能按时、按质完成工作，经理也不愿再交给他重要任务，只让他做最简单的方案。

如果我们总是说"我应该去面对它，但现在对付它还为时过早"，那么，你的拖延症将会最终导致工作能力不断退化。

可以说，拖延是最具破坏性的，它使人丧失进取心，迷失方向。一旦开始遇事拖拉，就很容易再次拖延，直到变成一种根深蒂固的习惯，为自己的成功制造不可逾越的鸿沟。任何憧憬、理想和战略，都会在拖延中落空。

初入职场的年轻人身上往往有一股逼人的朝气，但职场"老人"则会经常打击他们："等你们混得久了，就不会这么有激情了。"当年轻人也逐渐变成职场"老人"时，他们大多数人会发现当初的"老人"的话真的很对，以至于很多人将"岁月就是一把杀猪刀"挂在嘴边。

已经在公司混迹了四五年的"老人"曹伟也经常这样。遥想刚进入这家公司时，真是雄姿勃发。进入了自己喜欢的行业，他期待着在职场上大展拳脚，尽情地

◇ 拖延使工作能力退化 ◇

在任务面前，如果总是说“我应该去面对它，但现在对付它还为时过早”，那么，你的拖延症将会最终导致工作能力不断退化。

1. 让人不思进取

拖延使人停止学习和总结，导致人的能力进入下降通道，能力越来越差，当其拖延持续一定时间后，甚至比新手的能力还差。

2. 摧毁意志

拖延造成的无用感和空虚感，最终会摧毁一个人的意志，就像沉迷于网络一样，日复一日摧毁着人们的意志。

3. 造成诚信缺失

拖延将会造成大面积长时间地不能按时完成计划内工作，从而导致巨大的诚信损失，这将对拖延者的职业前途造成难以弥补的损失。

发挥自己的才能，感觉前途一片光明。当时，每接到一项新任务，曹伟都全身心地投入，总是以最快的速度、最好的质量来“交差”。站在如今的角度回头看过去的成品，甚至觉得有点“小儿科”，可那时的自己一直在进步，而现在总是感觉自己在吃老本。他甚至有点不太喜欢现在的自己。

他总结自己目前的状态：不管什么事，总是要拖到最后才去做，一点自控力都没有；但凡稍有麻烦的事情，都坚决持逃避态度，心想着“烫手的山芋接不得”；被动地接受现状，很少主动研究存在的问题。遇到棘手的工作内容，曹伟就想着退缩，辞职不干；就算是手到擒来的工作，做得也是马马虎虎，可能是因为心里有底，就更加不会全身心地投入了。

生活的可怕之处就在于此：安于现状。最尴尬的就是曹伟这样的类型，整个人像是被卡住了一般，不安心这样混下去，但又习惯了拖延来适应现状。

拖延症害人，这是绝对的真理。你一手促成的拖延将侵蚀你的意志和心灵、消耗能量，摧毁创造力，阻碍你个人潜能的发挥。

每个人在自己的一生中，都有着某种憧憬、某种理想或某种计划，假如能将这些憧憬、理想与计划，快速加以执行，那么，其在事业上的成就不知道会有多大！但是，如果人们有了好计划后，并不去快速执行，而是一拖再拖，就会让热情逐渐冷淡，让能力逐渐消磨，计划最终会失败。

如果拖延的问题不解决，恐怕这辈子都只能浑浑噩噩地度过了。

你拖或不拖，问题都在那里

你打算什么时候开始完成手头的项目？你在等什么？还有什么没准备好？你在等待别人的帮助，还是等待问题自动消失？无论我们如何拖延，问题依然会存在。只有积极行动起来，才能让问题消失，这才是解决问题的关键所在。

拖延并不能使问题消失，也不能使解决问题变得容易，只会使问题深化，给工作造成严重的危害。与其把时间浪费在拖延上，不如把时间省下来，多想出几个解决方案。

大多数人面临问题的时候，总是习惯性地寻找各种理由为自己的懒惰、懦弱、无能和失误做掩饰。这根本就是饮鸩止渴，不能为问题的解决提供任何实质性的帮助，甚至使问题变得更加复杂，更加难以解决。很多时候本可以及时处理的一个小问题，因为拖延，最终变成了工作中最难啃的一块硬骨头。

李平是一家企业的经理助理。三年来，他勤奋努力，事必躬亲，比经理还要忙，可不但没有任何升职加薪的迹象，而且让经理到了忍无可忍想要换人的地步。这究竟是为什么呢？李平有个致命的缺点：事情非拖到不能再拖的时候，才动手去处理，结果问题越积越多。

有一次，经理赴国外公干，要在一个国际性的商务会议上发表演说。他交代李平把所需的各种物件都准备妥当，包括演讲稿在内。李平想时间还有一周呢，等会儿再做吧。他突然想起上几周那些复杂的销售报表还没写，需要报到总部的销售分析报告也还耽搁着。他吓出一身冷汗，立即忙了起来。好不容易忙完了，他刚想歇会儿的时候，经理就打电话问李平："你负责预备的那份文件和数据呢？"于是他立即着手去做，熬了一个通宵，终于在第二天早上把文件交到经理手里，但是经理的脸色始终阴晴不定，因为他明显看出文件准备得不充分。

李平的忙碌没有获得应有的回报，拖延使得工作上的问题像滚雪球那样越滚越多，越来越难以解决。他心力交瘁，疲于奔命。

任何事情的完成都不是一帆风顺的，在工作的过程中很可能荆棘密布，在困难面前，我们应该如何行动呢？当任务降临时，应该以一个勇者的姿态来面对困难，筹划对策，积极执行。

稻盛和夫进入公司大约一年，便接受了一项新任务。他负责研究开发一种叫作"镁橄榄石"的新型陶瓷。它绝缘性能好，特别适用于高频电流，是做电视机显像管最理想的绝缘材料。与当时另一种比较传统的材料滑石瓷相比，它的优势非常明显，应用已呈现爆发式增长。

这种新型材料在合成成型方面没有成功先例，可谓是前无古人。无论是对稻盛和夫还是对公司来讲，"镁橄榄石"的研发是一只拦路虎，来势凶猛、迫在眉睫又极具挑战性。

单位里设备简陋，稻盛绞尽脑汁反复试验，结果总是不理想。于是他昼夜不停，苦思冥想，几乎痴狂地进行试验，最后终于合成成功。

后来稻盛和夫得知，成功合成"镁橄榄石"的除了自己，只有美国的通用电气一家。所以，当时稻盛研发的"镁橄榄石"成为业界的焦点。

最早以"镁橄榄石"为材料开发成的产品是"U字形绝缘体"。松下电器产业集团中负责显像管生产制造的一个部门向京瓷下了订单。当时，日本家庭显像管式电视机开始普及，"U字形绝缘体"作为电子枪中的绝缘零件，最为理想不过了。

开发中最棘手的问题是，"镁橄榄石"粉末非常松脆、不易成型。像和面一样，需要有黏性的材料。添加黏土可以增加黏性，但无法去除其中的杂质。

稻盛和夫每天思考，反复试验，费尽心思却不得要领。

有一天，稻盛和夫一边想着如何解决这个难题，一边走进实验室。他不经意间被某个容器绊了一下，下意识一看，鞋上沾满了实验用的松香树脂。就在那个瞬间，他脑海中灵光一闪：就是它！

稻盛和夫立即将松香与陶瓷粉末合成，这次成型成功了，而且将它放进高温炉里烧结时，松香都被烧尽挥发。这样，成品"U字形绝缘体"中就没有任何杂质了。

◇ 学会解决问题 ◇

拖延，会使问题由小变大，由简单变复杂，像滚雪球那样越滚越大，解决起来也越来越棘手。所以，要学会正视问题，解决问题，不拖延。

1. 当问题存在时，请不要逃避

逃避是不能解决问题的，许多事情都需要自己面对。只有我们正面面对了，才有机会从中找到问题的原因，才能想出解决的办法。

2. 分析原因

问题产生，必然有其原因，我们要找出原因，分析原因，找出问题的根源。只有了解问题根源，我们才能着手解决。如果问题产生的根源分析不清楚，那我们所制订的决策方案就收效甚微，甚至可能会做无用功。

3. 分层分次

找出核心问题和次要问题，根据二八法则，核心问题是优先着手解决的。解决了核心问题，就相当于解决了问题本身的80%，然后再腾出空间来解决剩下 20% 的边缘问题。

曾那么令人头痛的难题居然迎刃而解。

拖延是一种消极的心态，往往会使问题的难度增加，于解决问题无益。我们在工作、生活当中需要告别拖延，积极地面对和解决所有问题。遇到困难和问题时不再选择拖延，这是我们从稻盛和夫的经历中得到的启示。如果稻盛和夫找点借口，对工作拖延打折扣，最后的结果可想而知，他不可能拥有创造价值的机会。

不拖延，这是面对困难和问题时的一种积极态度，也是使自己不断进步的重要保障。

“压力山大”很烦人

也许有人觉得，压力会带来动力。没有压力我们会变得更懒散和拖延。因此，给自己压力往往成了这些人战胜拖延的“秘诀”，其实不是这样。

不少拖延者的一大谎言是，认为时间的紧迫会让他们更具有工作效率。惯于拖延的人可能有这样的借口，如“我明天会更乐意做这件事”“我在压力下能更好地工作”，实际上，到了第二天，照样没有工作的热情，在压力下也不见得工作出色。

心理学家张侃认为，工作越多、压力越大，越容易拖拉。可以说，拖延总是伴随着压力而生的。压力会在很多方面造成拖延，巨大的压力让我们逃避带来压力的工作。

心理学家发现，尽管压力感可以带来一定的效率，但一件事拖到最后，会面临巨大的时间压力。在这种压力的逼迫下做事，会消耗更多的心理能量，让人充满忧虑、焦灼和内疚感。

压力和动力之间的关系，是一个倒U型曲线。当压力强度在曲线转折点的那个最高点上，人的潜能最容易被激发，压力最能创造动力。但是过了这个值以后，压力会产生更多的焦虑、抑郁等负面情绪，当我们自觉无法应对压力时尤其如此。于是我们陷入了这样的怪圈：压力越大，我们越需要时间和精力来放松。放松后回头一看，原本就很紧迫的时间又消失了些，压力更大了，只好继续放松。压力和拖延就这样形成了恶性循环。

某大学的小李本是品学兼优的学生，父母为供他读书四处举债，而这让他感受到了不少压力。大四那年，小李面临这样的窘境：如果无法在一学期之内修完之前落下的六门课，他就要延期毕业，甚至退学。就在这时候，他沉溺于网游。他完全知道自己顺利毕业参加工作对这个家庭的意义，但是在此时他选择了逃避。他甚至想，毕不了业去干体力活，也能帮家里分担负担。小李同学的拖延症很大程度上来

◇ 如何应对与压力相关的拖延 ◇

虽然适当的压力能激发人更好地学习和记忆，但往往人所面临的各种困境所带来的压力以及人对压力的恐惧，会促使拖延行为的产生。要应对压力所带来的拖延，需要：

1.提高抗压能力

通过合理的饮食、充足的睡眠以及适当的锻炼保持良好的体魄，提高自己的抗压能力。

2.释放压力

可通过述说的方式将自己从压力中解放出来，对象可以是家人、朋友，甚至是一棵树。

3. 保持良好的心态

将心态放平，不要刻意去追求某种东西。

自家庭经济压力。

人有一种“习得性无助”的无奈感，时间压力有时候会让人产生这样的习得性无助：那种我再努力也无法赶上时间进度的感觉。这时候，压力除了制造焦虑，再也不会激起人努力的欲望了。从这个角度来说，压力是拖延症最忠实的盟友，甚至可以说，拖延症的问题，某种意义上，也就是压力管理问题。

晚上，高波坐在客厅里看电视，但是显得有点无精打采。老妈在屋子里忙前忙后，看到有点不在状态的儿子，她问：“出什么事了，怎么像霜打的茄子？”

“没事，就是最近特别烦！”高波在老妈面前倒也不伪装。

“你去玩会儿游戏吧！心烦的时候，就去玩游戏。”老妈绝对是最心疼儿子的人，想方设法让儿子不受委屈。

“这几天我也没有玩游戏的心思，没什么意思。玩的时候，一直想着还有工作没做出来，周一就得交方案了，心里特别着急。一着急吧，游戏就玩不好，总是输，然后就更心烦，整个人都不在状态。”高波如实地说出了自己的困扰。

“后天就要交了，那你怎么还在这里待着？赶紧去做啊！”老妈显得十分着急。

“我知道时间很紧，可就是不想动。一想起工作的事，半天都找不到头绪，不知道死了多少脑细胞。昨天我就挺烦的，可想着不是还有今天吗？也就没往心里去。可到了现在，我还是静不下心来，一直拖着没动，我心里都快急死了……”

高波嘴上虽然很着急，但是还是窝在客厅没有动弹。其实，深受压力而又选择拖延的人，何止高波一个人呢？所有拖延的人都似乎是同样的表现，心理压力山大，手里却还在点着微博、微信、淘宝，绝对会将工作拖延到最后一刻。

很多人在工作的时候，会有这样的体验。工作任务不紧的时候，他也不会早早完成工作，假模假式地在那里耗着。等到压力真正降临时，他又开始焦头烂额，一边抱怨压力大，一边辛苦地干活，但他不知道这些压力都是自己造成的。

如果我们从一开始就有条不紊、从从容容地开展工作，心里应该会更加踏实，完成任务之后也会更有成就感。不过，这样的感受，受压力困扰的拖延症患者似乎很少体验过。他们所感受到的，不过是拖延与压力恶性循环之后带来的烦恼和苦闷。

失败旋涡：无尽的挫败感

在大多数心理学家看来，拖延行为缘于压力以及个人效率的降低，而这些感觉综合起来，往往又会加剧拖延行为。与拖延症相连的是眼中的挫败感和一连串心理问题，因拖延未完成任务而对自己失望，继而产生挫败感。随着一次又一次相似的经历，这种挫败感周而复始。

人们常常可以在日常生活中感知到“挫败感”。人类有“自由竞争”的天性，在面对问题的时候，“战斗”或者“逃避”是人的本能意识。结果自然也会有成功有失败，成功者当然是积极奋进的，而失败者面临的状态则是另一种了。

一旦人们预知到自己即将面临可怕的失败，人首先就会启动生理的应激机制，瞳孔开始缩小，心律开始变慢，肾上腺素暂停分泌，肌体供血紧张，头脑开始变得不那么清醒，四肢肌肉开始松弛，一切肌体运作都开始向着“收缩、退避”的方面做准备。

而在心理上，当“挫败”不可避免地到来时，我们所能感受到的首先是巨大的恐惧、无助、慌乱、不知所措。有些人想要尽力否认自己已经遭受到了“挫败”，想方设法通过拖延以逃避这种“挫败”给自己的心灵带来的创痛。

刚出校门的艾伦给人的印象是工作非常勤奋，甚至常常通宵达旦地工作。但在领导和同事眼中，他并不是一个优秀的员工。

这并不是说艾伦的工作能力不强，他在大学阶段是公认的优秀分子，学习成绩一直名列前茅。当他进入这家广告设计公司后，原本豪情万丈的他却接连遭遇了挫败。“初生牛犊不怕虎”，他刚进公司时接手的几个项目遭遇了领导的否决，有时候绞尽脑汁连续加班的项目，领导依然不满意。频频受挫，让艾伦对失败的恐惧越来越重：“难道我真的这么差劲吗？”这样的心理包袱让艾伦感到十分疲惫，时间一长，再接到项目时则是能缓一时则缓一时，他患上了严重的工作拖延症。拖延导致的结果是经常加班，而仓促完成的项目也不能令领导满意。在琐碎繁杂的工作中，艾伦感到自己身体中的负能量越来越大，但他毫无办法。

拖延导致的挫败感，让人在不知不觉中选择逃避，选择后退。人一旦失去了前进的动力，后果可想而知。

那么，应该怎样调节自己来应对拖延和“挫败感”带来的恶性循环呢？

首先，寻求稳定的心绪。对于一个有“挫败感”的人来说，恢复平日的镇静和从容，对于自身境况才能有一个比较冷静客观的评价。

其次，能对“挫败”本身予以足够的理解。俗话说“塞翁失马，焉知非福”。正确地认识到不是所有的竞争都成功，不是一定要自己永远走在一条成功的、前进的道路上。千万不要一旦受挫就万念俱灰，如果没有一颗积极准备应对挫折的心，怎能见到更为美好灿烂的明天？

再次，要能积极地对现实的“挫败”进行评估。做出相关的决定，尽量阻止失败的扩大化，把握积极主动的机会，以减少可能带来的更多更大的损失。

最后，找出失败的原因和问题所在，寻找积极应对的策略。找到可以实现的补救策略，下定决心，向失败发起进攻，千万不要用拖延来应对。

对于我们而言，要克服因失败恐惧而导致的拖延症，就必须学会用发展的心态看待问题。暂时的挫败只是给自己一个加倍努力的理由，实在没什么可怕的。

◇ 怎样克服挫败感 ◇

当我们有挫败感的时候，挫折已经发生了，我们根本无法挽回。这时候，要学会克服挫败感。

1.坦然接受

随着失望情绪的到来，有些人会不愿意承认失败。否认并不是良好的应对之策，如果无法接受现实，就无法走出下一步，继续前行。所以，做个深呼吸，坦然接受发生的事实。

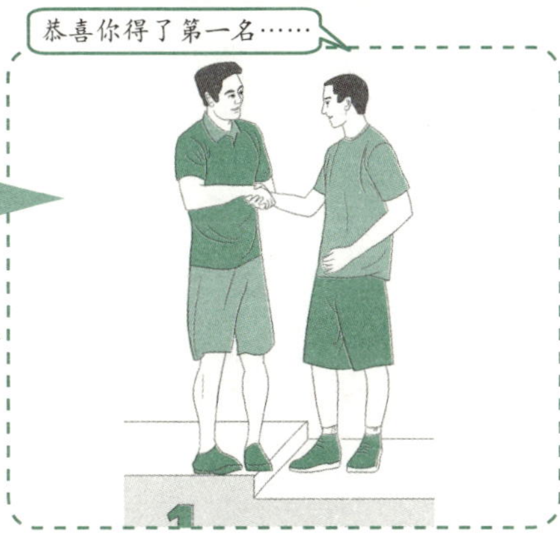

2.不要做一个输不起的人

如果别人达成了你本想完成的目标，不要让你的懊恼和沮丧连累到他们。优雅地面对你的失败，赞美你的对手更能获得尊重。

3. 与朋友和家人多交流

在感到挫败的时候，支持你的人将起到巨大的作用。与朋友和家人多交流，与自己挚爱的亲人一起享受生活，他们永远都会支持你。

谁来“还我健康”

在这个时代，拖延症虽还没有病重到要住院，但是它实实在在地侵蚀着人们的健康。拖延症无时无刻不在破坏和消耗着人的精神和体力，如果任由它去，会带来严重后果：

危害一：怀疑自己

当自己不能按时完成某项工作的时候，长期如此，你会觉得自己有身体方面的疾病，长期这样也会给内心造成影响，变得不自信，怀疑自己的人生。

危害二：精神萎靡

选择拖延，很多时候是因为你不去做，你的身体也许是健康的，但精神上是萎靡不振的。

危害三：无法实现自己的想法

因为你的拖延，会让事情无法按照自己的意愿去完成，活动总是被拖延，好事总是不能实现。

危害四：变得自我

因为你不会对所有的事情都拖延，而是对自己不喜欢的事情拖延，不要认为自己只去做自己喜欢的事情是对的，实际上，一个有担当有责任的人，应该做自己应该做的事情。只有做好了必要的事情，才能去做自己喜欢的事情。

危害五：出现焦虑

因为工作和学习成绩的不突出，拖延成了恐慌，开始否定自己，贬低自己，从而产生焦虑，甚至会产生厌世情绪。

由此看来，拖延绝非不能按时完成任务这么简单，不少人都有切身体会，拖延症是如何让自己深受其害的。

丽丽是一名建筑设计师。在这个行业里，女性很少。不过丽丽并没有得到什么特殊照顾，她感觉比单位的同事们更累、更辛苦。

她发现，自己的身体状况越来越差，甚至已经到了崩溃的边缘。晚上躺在床上怎么都睡不着，急得头皮发麻；早上睁不开眼睛，不想起床。每天在单位里，头昏昏沉沉的，根本不能集中精力做事，上班的时候不想干活，总想着下班再找时间补回来，可下班后的工作效率也实在不敢恭维。

上周末计划着利用周末时间完成一份设计图。周末一大早就起来了，打开电脑，琢磨着如何完成工作。“人是铁，饭是钢”，怎么着也得先给自己做一份早饭。吃饭的时候，脑子没法想事情，就顺手点开了网页，看看那些知名设计师的作品集，希望能找到点灵感。就在边吃早餐边在网上闲逛的时候，无意间发现一部电影的宣传信息。她想到有同事推荐里面的建筑布景很别致，说不定能找到点灵感。于是，就找到那部电影看了起来，结果被电影剧情吸引了。

但是这场电影看得并不安心，她脑子里时不时地蹦出来两个声音。一个声音说：“赶紧去干活吧，看这种电影有什么意义呀？”另一个声音说：“看电影也是在为工作做准备啊，这并不是单纯的消遣。”

等终于看完了这场电影，丽丽又陷入了焦躁的情绪中。她何尝不知道，自己的工作没做完，所谓的为工作找素材看电影只不过是给自己找的借口罢了。就这样，她心神不宁，更加没有心思放在工作上了。

在这种状态下，丽丽干坐了一个上午。她感觉头痛欲裂，且全身上下都十分不舒服。因为实在太难受，这一次，她没再拖延，直接打车去了医院。医生看了她一眼，就说她压力太大，作息不规律，身体功能紊乱，患了轻度抑郁。“一个不到30岁的姑娘，看起来一点精神都没有，满脸愁容，连走路都有气无力，根本不像这个年龄的人。”医生不禁摇头叹息。医生给她开了一些药，让她别太紧张，要早睡早起。

但是，回到家后，看到桌子上的一堆文件，还有开着的电脑，想起那么多活要干，丽丽始终都不能静下心来。就这样，既不能安心干活，也不能好好休息。在拖延和自责中，她的身体越来越差，精神状态也很糟糕。

这绝非夸张的案例。当由拖延引发的这一系列问题都出现时，一个健康的人会被折腾成什么样?

大多数时候，拖延不会改变困难。困难、挫折、烦恼、痛苦，这些都是客观存在，想躲也躲不过去，你叹息、焦急也好，忧虑、恐惧也好，这些负能量都无助于问题的解决。在这种情况下，与其在那里唉声叹气，不如换种心态，从相反方向思考问题，使情绪由“阴”转“晴”，积极做好“当下”。

到底什么叫作“当下”？简单地说，“当下”指的就是：你现在正在做的事、待的地方、周围一起工作和生活的人。因为拖延，许多人总是在延续昨天的烦恼。其实，你今天设法解决了这些烦恼，明天就将是身心愉悦的一天。认真做好当下的工作，我们才能理解生活和快乐的真正含义！

当我们遭遇拖延症带来的身心损害时，我们应该进行及时自我检查，预警负能量的“病毒”蔓延。

拖延你好，成功再见

一些习惯拖延的学生会说：“许多人都在玩，我又何必这么紧张呢？”那些习惯拖延的职员会说：“大家都这样工作，我又何必这么认真呢？”那些习惯拖延的人会说：“等以后再努力，今天又何必这么努力呢？”……

每当要付出辛劳时，总是能找出一些借口来安慰自己，总想让当下的自己轻松些、舒服些。人们都有这样的经历：清晨闹钟将你从睡梦中惊醒，你想着该起床

◇ 拖延症的预防方法 ◇

1. 巧妙利用时间

制订好时间表，找出自己工作效率最高的时间段进行巧妙利用，有助于顺利摆脱拖延症。

2. 提升自信

全面认识自己，不仅包括自己的优点，还包括自身缺点，诚实地面对自己的长短处。

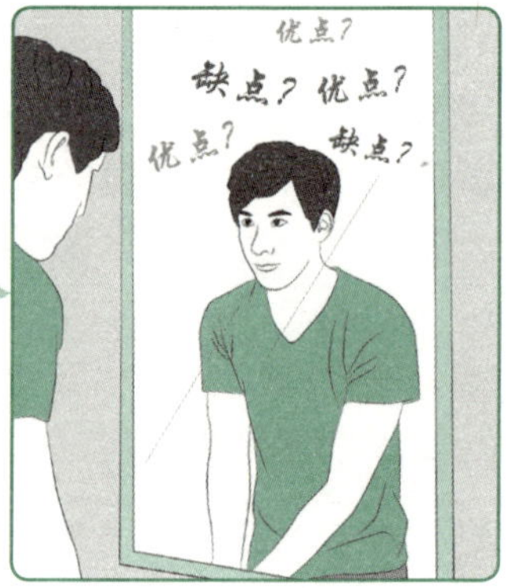

3.对抗疲劳

当身体感到疲劳时，首先要找出疲劳的原因，是休息不足所致，还是疾病造成的。从而对症下药，让身体得到充分休息。

了，一边又不断地给自己寻找借口“再等一会儿”，于是又躺了五分钟，甚至十分钟……

拖延的背后其实是个人的惰性心理作怪，因为选择了借口就意味着能享受到“便利”，同时也带来了“思考放弃症”。在享受“思考放弃症”带来的便利的同时，也推掉了可能降临的机会。

当J先生还在上小学的时候，他不想做老师布置的作业，他对自己说：“不要紧，老师布置的功课太多。”参加工作后，面对工作上的种种难题，他又对自己说：“刚毕业的学生，不懂的地方多着呢。”中年的时候，和J先生同时进入公司的同事，都已经节节升迁。J先生却不以为然地说：“他们不比我聪明多少，只是机遇比我好一点罢了。”

在他退休的时候，一切在轻松悠闲中已经过去了，他什么也没有得到。J先生这时才蓦然发现，往事不堪回首：“其实有很多机会，我抓住了都可能获得晋升。比如有一次，公司想派我到西部去掌管分公司，但是需要我在一个项目上展现实力，但自己因为拖延没有把项目做好。”

一旦因为拖延替自己开脱责任后，人的一生自然会享受到种种“便利”，但最终也会注定人生的碌碌无为。

我们盘点自己的得失时，对拖延的利弊应该有更清楚的认识：拖延得到的暂时“便利”，终会换来今后的“沉重”人生。

小郭工作五年来，不仅没有得到晋升，甚至面临着失业。是什么导致了他这样的境遇？

刚进公司的小郭是个非常有竞争优势的年轻人。顶着名牌大学毕业生的光环，但是，他来到这家公司后，发现现实与自己的理想有偏差，对工作、企业都产生了抵触情绪。他觉得自己的学历比别人高，能力比别人强，却屈尊在小公司里，于是终日混混度日，有事情也不积极解决，能拖则拖，寄希望于时间可以解决一切。

更让同事们不能容忍的是，他总是仗着资历老，在紧急的项目面前不紧不慢地：“别着急啊，这个工作我做了几年了，两天就完了。”“现在没兴趣，过几天再说吧。”在小郭的拖延中，很多问题都得不到解决，和他一组的同事因为他受到了公司的惩罚。

同事们不愿再与他协作，上司也对他产生了看法。而小郭没有意识到自己的问题，对待工作仍改不了拖延的毛病。五年时间下来，小郭做好的项目屈指可数，上司越来越不满意他的表现了。

平庸者的经典台词往往是：“缓一缓吧，明天一切都好了！”用这种思维方式、用这种逻辑为自己开脱的人比比皆是。某种程度上，一个人在拖延问题上所表现出来的态度是他走向卓越或平庸的分水岭。平庸者遇到问题只会不断拖延，成功者面对困难积极想办法解决问题。

与拖延拥抱，也意味着与幸福远离。看“幸福”的“幸”字很有意思，它和“辛苦”的“辛”字长得很像，简直是一对孪生兄弟。在“辛”上多一点努力就变成了“幸”，或者说辛苦跨一步就是幸福。这也正说明了辛苦和幸福的关系，辛苦一下，幸福就来了。选择不拖延，多一点辛苦，幸福和成功也就近了。

选择不拖延的生活方式，这是一种全身心地投入人生的生活方式。当你活在当下，而没有过去拖你的后腿，也没有迷茫阻碍你往前时，你全部的能量都集中在这一时刻，生命也因此具有一种强烈的张力，你可以把全部的激情放在这一刻，你的成功也就近在咫尺。

阅读：

那些有拖延症状的名人

如果你认为高高在上的名人肯定是效率奇高，不会如我等凡夫俗子一样拖拖拉拉，那就错了，其实有为数不少的名人同样也有拖延症。

拖延症在文字工作者中是常见病。法国大文豪维克多·雨果是“派对动物”，社交占据了他的太多时间。在写《巴黎圣母院》期间，他让管家把自己的衣服藏起来，赤身裸体，强令自己集中注意力。不过，当大文豪洞悉了几个藏匿地点后，这招就逐渐失效了。他只能对自己再下狠手，把头发和胡须各剃去一边。可以说“战拖”的决心是坚定的，而过程也不可不说是惨烈的。

有一位著名的美国将领名叫乔治·布林顿·麦克莱伦，他曾是西点军校的优等生。科班出身的他善于充分准备，在南北战争时期，他由于系统地改造了北方军队的后勤而名声大噪，最后被提拔为北方军总司令，还被誉为“小拿破仑”。

可是，他屡次被“不打无准备之仗”的理念所拖累。先是以准备不充分为由拒绝进攻而与总统闹僵，后来又由于过分谨慎不愿追击而多次丧失胜利的机会。

1862年，在美国南北战争中的一次决定性战役“安提坦战役”中，有一个绝佳的机会可以夺取里士满，但他犹豫再三，认定自己被南方军堵截而失去了机会。之后他再度犹豫拖延，最终在兵力两倍于敌军的情况下错失全歼南方军队的机会，战争因此又拖延了三年才宣告结束。

他永远都在请求林肯给他新的武器，永远觉得没有足够的士兵，士兵们永远都不够训练有素，装备永远不够精良。林肯曾抱怨说：“如果麦克莱伦将军不想好好用自己的军队，我宁愿把他们都借给别人。”联邦军总将军亨利·哈列克则认为他“有一种超越任何人想象的惰性，只有阿基米德的杠杆才能撬动这个巨大的静

◇ 本杰明·富兰克林带来的启发 ◇

在看完本杰明·富兰克林的一生后，人们可以得出一个结论：这个人的一生没有一天是浪费的。我们可以从他身上学到一些好的工作习惯来克服拖延，提高工作效率。

1. 时间是短缺的商品

“浪费的时间再也找不回来了。”富兰克林在工作、创造和生活中都知道时间是很宝贵的。他从来没有将任务拖到明天过。

2. 做个表单

富兰克林把要做的事情分为“要做”和“做完”。然后，他会写下这些事情的好处和坏处，假定哪些要去做，然后把最多好处的留下。

3. 经常失败，严重失败，但是不希望失败

“不要害怕错误，你会遇到失败，持续接触失败。”所以，不要祈求完美，也不要跳过失败或渴望失败，要有成功的信心。

止”。这一切摧毁了军政界对麦克莱伦的信任，最终他被众口交贬，解除军职。

日本明治维新时代的维新斗士坂本龙马被日本人当作民族英雄，也是日本精神医学研究者最喜欢提及的注意力障碍（ADHD）疑似患者。

坂本龙马给后人留下的印象是不拘小节，喜欢新鲜事物，敢开风气之先。在日本，他第一个提出“日本国”概念，第一个带新娘蜜月旅行，第一个使用万国公法与外国公司打官司并且胜诉。紧随潮流的个性固然不会有“思维狭窄”的毛病，但是不可避免的“副产品”就是注意力有些涣散。当有人提醒龙马将有被暗杀的风险时，龙马并没有听取建议去避难，这种拖沓的态度最终使龙马死于刺杀。

最著名的“战拖者”，当属美国开国元勋本杰明・富兰克林。本杰明家境贫寒，全靠自己刻苦上进，最终成为“资本主义精神最完美的代表”，而被印在百元美钞上。本杰明在25岁的时候，就给自己列下13条必备诫言，即“节制、缄默、秩序、决心、节俭、勤奋、真诚、正义、中庸、整洁、冷静、节欲、谦逊”，他依此对自己进行逐项训练，形成了一套抗拖延行为的有效办法。

第三章

你为何会变成“拖拉斯基”

俗语说：“因病开方，对症下药。”要想改掉拖延的毛病，你必须先知道是谁把你变成了“拖拉斯基”，才能找到治愈的良方。

环境的影响是拖延形成的外部因素，不断地自我宽容是拖延形成的内在因素。而劣质快感、懒惰、焦虑等看似平常的东西，是你的拖延症真正的原因。现在，就来揪出那些导致你拖延的“真凶”吧！

人性的弱点：拖延与生俱来

有人认为，拖延就像蒲公英。某段时间以为自己已经拔除掉了拖延症，以为它不会再长出来了，实际上它的根埋藏得很深，很快又“长”出来了。对某些人来说，拖延症根深蒂固，无法轻易根除。

当别人诟病你的拖延症有多严重时，你可以辩解说这不是你的问题，因为很可能拖延症是天生的。美国科罗拉多大学研究员的最新研究发现，拖延症受基因影响。这是基于对181对同卵双胞胎和161对异卵双胞胎的研究得出的推测结论。

研究在美国科罗拉多大学波德分校进行，其结果显示人类拖延的倾向可以在基因中找到根源。这也解释了为什么每个人或多或少都有一些拖延的行为。

也就是说，确实有一些生物上的因素会导致拖延症。比如，如果你患有某种程度的注意力缺失、执行障碍、季节情绪紊乱、抑郁症、强迫症、慢性紧张或者失眠，在这样的一些情况中，在你大脑中运行的这些生化因素很可能会跟你的拖延有着密切的关系。

在对以下内容的了解中，我们每个人都可能会受益匪浅，你也可以运用这些知识帮助自己克服拖延症。

1.你的大脑处在不断的变化中

我们的生活经验激发了大脑细胞（神经元），将电子脉冲从一个神经元传导到另一个，并释放出生化信息，促使这些神经元在数量上不断增长，也在联结度上不断紧密化。你做某件事情越多，你的大脑就对那个活动反应越多。它会把被要求的事情做得越来越快、越来越好（不管对你来说是好事还是坏事——强化旧的顽固行为），这个就叫“可塑性悖论”。

2.无意识的感受会产生恐惧

你推迟做出决定是因为你害怕去做。拖延者企图逃避的不是某个任务，而是由这个任务引发的某种感受！为了不再拖延，你将不得不忍受某些不舒服的感受，比如恐惧和焦虑。不顾恐惧而继续向前需要加倍的勇气，因为恐惧是被瞬间触发的，一旦在体内运行，它就一直在那里，它还会给大脑发送强烈的难以抵挡的信号。在你想到去做那个你一直在逃避的事情的时候（比如打个电话、写论文），你的身体马上对这样的恐惧做出了躲避反应，所以难怪会拖延。

也许这来自无意识的危险或恐惧的感受，让你不知道自己为什么要逃避某件事情，但是每次你都逃开了。

3.潜伏记忆的影响

如果你在一件事情上拖延，但是又找不到让你恐惧或不舒服的确切原因，那么很可能是受到你潜伏着的记忆的影响。你可能不记得这个经验本身，但是你的大脑和身体对此发生了反应，产生了一阵情感痛苦，从而导致你逃避这件事情。

虽然你无法记起让你陷入逃避的原因，但是你埋藏在深处的记忆，包括恐慌、羞耻、负疚、厌恶和自责等挥之不去。这时，只有发挥你的理性思考能力，让被激发的潜伏记忆乖乖听话，抑制住潜伏记忆的不利影响，才能不再拖延。

4.低自尊也是拖延症的一大原因

有人在不经意间卷入了一场怎样看待自己的挣扎：你是有能力的吗？你可以有自己的想法吗？你值得被爱、值得被尊敬吗？这种不自信的想法无疑促成了拖延行为的发生。

5.左逆转

科学家认为，在人的大脑左半球的某一个部分（左额叶）是跟关照、感应和同情这样的感情有关的。当这个区域被激活，我们就会感到放松，对世界怀着开放的心态。相反，在一种不舒服的、负面的情绪中，我们就会倾向于撤退到自己的世界中。主管这些负面情绪的部位是在大脑的右半球。

友善地对待自己会刺激大脑的相应部位，也就是所谓的“左逆转”，从而创造出一种与抗压感和健全感良性循环的状态。而这些东西跟拖延症有很大关系。

通过左逆转，能够平复自己的心情，并以同情和友善的态度对待自己。一件事情或者一个处境，无论它们让你生气、恐惧，还是让你受到威胁或者感到无聊，如果你能正确地对待它们，你就不会陷入拖延的泥沼。

当你拖延着做一件难事的时候，你的大脑依然会显示出恐惧的迹象，你马上会感到负面情绪向你袭来。如果此时你能以一种新的方式应对这种反应，用鼓励的态度来对待自己，一个友善的声音就会给你足够的安全感去走进这个不舒服的情感地带。随着时间推移，通过练习，你就会展现出和以前拖延状态不一样的状态。

我们相信，你越能在内心创造出一个积极的状态，那么你成为拖延症患者的可能性也就越小。

诡异的心理症结：拖延带来的劣质快感

拖延，许多时候是我们的“朋友”，这似乎有点让人难以理解。没错，拖延能给人带来快感，试想，拖延这种看似适应不良的行为能持续地存在下去，一定是有原因的。这种原因通常是：在看似痛苦纠结的表面背后，拖延行为使个人获得了某

◇ 友善地对待自己 ◇

友善地对待自己，左额叶就会逐渐被激活，实现左逆转，从而逐渐形成新的自我关系，减少成为拖延症患者的可能性。如何才能友善地对待自己呢?

1.不要过多地抱怨自己

只有冷静下来好好反思，才能找到不足，从而获取动力去攻克难关。

2. 不要太专注于压抑负面情绪

在压抑负面情绪的同时，我们也忽视了自己身上正面的、积极的因素。就像我们感觉不到自己的美，因为我们花了太多的精力掩饰自己的缺点。

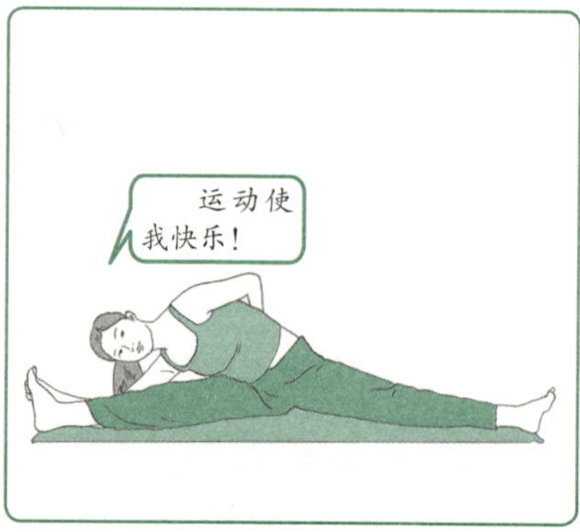

3.以积极的状态面对生活

要想保持积极的状态，就要多做能产生积极情绪的事情，比如冥想、运动、陪伴家人和朋友等。

些好处。

拖延带给我们很多快乐和满足，比如说，不少人把所有事情都拖到最后一刻完成，那么在最后一刻到来之前的那些时间，她完全可以自由支配自己的时间。如果不是有“拖延”的帮助，他们哪里能享受浮生偷得几日闲?

不过，这种快乐和满足是要付出代价的。如果任由我们满足自己“好逸恶劳”的天性，不加以引导和控制，这种愉快感就难以为继了。这就像一个人很享受美食，但不加控制地吃，很有可能会出现身体健康问题。对于拖延者而言，拖延者预先过多地放纵了自己去享受自由时光，而没有对这种满足感进行适当控制。而且，正因为每次都是轻松悠闲的诱惑在先，痛苦纠结的期限在后，拖延者往往好了伤疤忘了疼，一次又一次走入先快乐后痛苦的过程。

不少大学生都有这样的体验，到学期期末考试期间，总是忙得焦头烂额。临近期末，各种论文和考试临近，本应在平时就扎实完成的作业和复习任务，把日程堆得满满当当。无奈，只得日日夜夜地努力奋战：白天去考试，晚间挑灯夜读。实在困得不行了，就趴在桌子上睡上一两个小时。

如果期末刚巧有几门考试和论文的期限凑在一处，那就不得不连续几天开夜车：一面努力复习，一面又担心时间不够用，考试挂科，后悔自己没早点开始复习。那几天真是又焦虑，又后悔，又自责，又内疚，又得努力干活，不能睡觉。忙得昏天黑地，内心各种挣扎纠结。此时，他们一般都会下定决心下次不会这样了。但真到了下一次，又故技重演，重蹈覆辙。

不少人习惯拖延，往往把所有事情拖到最后一刻才完成，更有甚者，到最后一刻也没有完成。

有些人总是习惯等到最后一刻才行动，特拉华州大学的心理学家M.朱克曼认为这样的人所追求的是：寻求刺激。他说：“这类人需要肾上腺素迅速上升带来的刺激感，宣称有压力才有动力，在高压下做事，才能获得这种刺激感。事实又如何呢？他们在有限的时间里，往往根本没办法很好地完成任务。”

的确，我们经常听到有人信誓旦旦地说：“没问题，肯定能做好。”结果往往是，到了最后，发现很多想处理的问题都根本来不及处理了。

对这样的现象，朱克曼教授又解释说：“你一次又一次地推迟完成工作计划，直到越来越接近临界线，你错误地认为，这是最好的完成任务的方法。此时，你所经历的任何一种情感上的满足，并不是你继续拖延的动机所在。相反，你所体验的‘刺激感’是在时间所剩不多的情况下，匆忙赶工产生的一种焦虑感，这种情感是拖延产生的结果，而非原因。”

这也就是说，对于工作非要等到火烧眉毛了才挑灯夜战的情况，实际上就是在寻求刺激，盼着最后几分钟的忙碌所带来的劣质快感。因为他们认为，自己到了紧迫的程度，才能把内在的潜力给逼出来。不过，这只是一厢情愿的看法。

◇ 不要追求劣质的快感 ◇

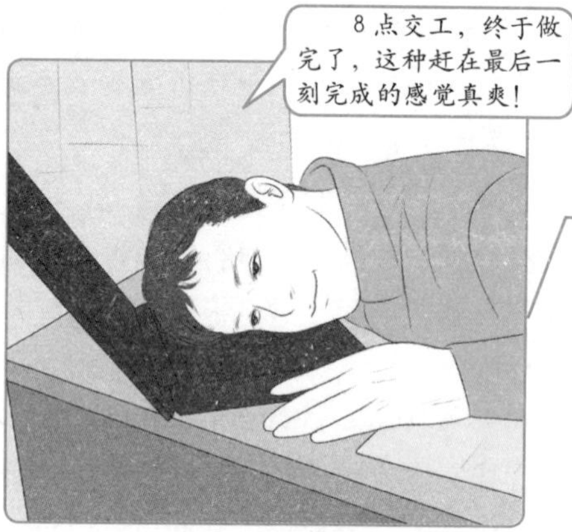

很多人习惯在最后一刻才行动，认定自己到了这样紧迫的份儿上，才能把内在的潜力给逼出来，并在这期间获得忙碌带来的快感。

其实，这只是一厢情愿的看法。长此以往，只能继续在拖延里挣扎，在压力和焦虑、熬夜中折磨自己，最后还可能会因为效率低下、做事马虎而遭到“卷铺盖走人”的下场。

不迟到、不早退、不磨洋工，上班时做该做的事，下班回归正常的娱乐生活。这样做人做事，经过日积月累，生活和工作质量肯定会有一些质的飞跃。

德保罗大学著名的心理学教授约瑟夫·费拉里讲述过这样一件事情。伦敦某家报社，通常要求记者们周一上报自己的选题，周二则召集12个小组的编辑召开会议，选出这一周最为满意的主题。这12个小组彼此之间相互竞争，毫无理智地抨击别人的构想。就这样，他们一般会拖到周五才能选出哪个构思最合适。

不过，此时离周日的出版时间已经很近了。这就迫使那些被最终拍板的选题作者在有限的时间里拼命地赶稿。时间如此紧迫，他们根本就没有任何修改稿件的工夫。刊载出来的东西，质量就可想而知了。

看来，寻求劣质刺激的不只是一个人两个人，而是一种普遍现象。不管是谁，不管是怎么个拖延法，要承受的代价是一样的。如果你一味地放纵自己的小延迟，一再地享受最后完成工作的快感，当有一天压力积聚到你的身体和大脑完全不能承受的时候，后悔就已经晚了。

找到你的心理舒适区

所谓心理舒适区，是指人们习惯的一些心理模式，是让人感到熟悉、驾轻就熟时的心理状态。如果人们的行为超出了这些模式，就会感到不安全、焦虑，甚至恐惧。

拖延始终是人们维护心理舒适边界的一种方式，但是，用推迟和拖拉来换取内心的舒适，这并不能解决根本问题。人们必须面对问题，将解决问题看成一次心理成长的机会。拖延或许可以让自己找到暂时舒适的状态，但它也阻碍了个人的进步和成长。

心理舒适区的最大功用是逃避社会现实压力。之所以说逃避社会现实压力，是因为环境在不停变化，现在的舒适区肯定不能是一直觉得舒适的条件，必然面临更多的挑战而会变得不舒适，而心理上一旦产生惰性，就会导致停留在现有的舒适区，从而忽略这些让人觉得不舒适的环境变化带来的挑战和压力。

很多人选择拖延，一直不愿从事"痛苦"的工作。这是强烈的维持现状的心理在作怪，不想从惬意的状态里走出来。比如说，你明天必须交一份策划文案，但你此时坐在沙发上，迟迟不肯起身。这是因为你沉浸在自己的安逸中，现在这么舒服，何苦要去做"痛苦"的事呢?

从沙发到办公桌，需要很大的心理跨度，这对拖延症患者来说，是很难做到的。而分析更深层次的原因，则是人的惰性。惰性是大部分人沉溺在自己的舒适区的性格因素，这个因素最终导致我们陷入拖延的境地。懒惰是一种恶劣而卑鄙的精神重负。人一旦背上了懒惰这个包袱，就会陷入怨天尤人、精神沮丧、无所事事的拖延状态，这种人注定不会受到别人的欢迎。产生惰性的原因就是试图逃避困难的

◇ 如何走出你的舒适区：三个有用的习惯 ◇

1.从小事情开始，时常尝试不同方式

每天或者每周通过一些小的方式尝试做出改变，这能帮你感知到自己从一个喜欢固守陈旧的舒适的人变成一个乐于走出舒适区的人。比如寻找另一条回家的路线等。

2.挑战困难

如果一直安逸地生活在舒服的环境中，人是不会成长的，要不断地磨炼和超越自己，就要挑战困难，在困境中成长。

3.与一位朋友同行

找一位能使你更有责任感地坚持下去并且一直待在你的舒适区之外的朋友同行。这会让你想要做的改变更有可能持续下去。

事，图安逸，怕艰苦，积习成性。

实际上，打破自己的心理舒适区，需要改变自己的拖延行为，这是改变的开始。

有位妇人名叫雅克妮，现在她已是美国好儿家公司的老板，分公司遍布美国27个州，雇用的工人有8万多。

她原本是一位极为普通的妇人，她的生活波澜不惊。后来由于她的丈夫意外去世，家庭的全部负担都落在她一个人身上，而且还要抚养两个子女。在这样贫困的环境下，她被迫去工作赚钱。她每天把子女送去上学后，便利用余下的时间替别人料理家务，晚上，孩子们做功课时，她还要做一些杂务。这样，她再也找不到自己的心理舒适区，她需要一刻不停地工作。

后来，她发现很多现代妇女都外出工作，无暇整理家务。于是她灵机一动，花了七美元买清洁用品，为有需要的家庭整理琐碎家务。这一工作需要自己付出很大的勤奋与辛苦。渐渐地，她把料理家务的工作变为一种技能。后来，大名鼎鼎的麦当劳快餐店居然也找她代劳。雅克妮就这样夜以继日地工作，终于使订单滚滚而来。

人们选择拖延，很可能因为当前所处的环境很安逸，很舒适，这样的环境让你产生心理舒适区也是正常的，但我们需要的是摆脱这种安逸的环境。沉溺于现状而无法自拔的人，最终有可能会被溺死在现状里。

从积极的人生角度来讲，我们应该正视拖延中的心理舒适区，及早走出自己的心理舒适区，才能获得更大的工作成就和自我价值。

拖延与焦虑是一对孪生兄弟

拖延和焦虑的关系，犹如一对孪生兄弟，它们亲密无间，可以说是世界上最好的搭档。

不乏心理学家对焦虑和拖延症之间的关系做研究，研究表明，焦虑感的增加与拖延症有很大关系。当你因为任务完不成而产生焦虑的时候，你是否还记得这种变化是因为拖延而产生的？拖延了之后，你感觉是暂时放松了还是感觉持续地焦虑？当截止日期愈来愈接近时，你的焦虑感是不是又急速攀升了呢？

不少人使出拖延这一缓兵之计，可能会使自己暂时摆脱焦虑感的折磨，甚至可能说服自己享受片刻的舒适。事实上，焦虑感并未消除，你十分清楚这些被拖延的工作和决定是必须做的，随着最后期限的逼近，你的焦虑感也会随之上升。

拖延的罪恶感和对无法按时完成的恐惧感会大大降低你的工作效率，这会让你身心俱疲，然而拖延与焦虑相互作用的整个过程还是会周而复始地出现。

但是，最初的焦虑感究竟来自何方？一开始是因为什么要推迟自己手上的事呢？其实，焦虑感可能来源于不同情绪的混合，其中主要包括自我怀疑、对失败的恐惧等。

我们都有这样的体验，当认为自己有能力完成事情的时候，往往就能又快又好地去做。如果你怀疑自己的能力，害怕面对失败的窘境，会发生什么呢？你很有可能出现拖延的行为，为了拖延而焦虑。这种自我怀疑让许多拖延症患者举步不前。

有些人对自己正在做的工作感到担忧，这种负面的、消极的情绪会拖累那些本来有实力，可以拥有光明前途的人。实际上，很多被公认将拥有大好前程的人，往往是最害怕失败的，因为期望过高导致他们更容易失望。

有的人可能本身很优秀，但是为了追求成功，害怕提出不合适的观点或错误的方案，于是，他们在开会的时候总是保持安静。他们害怕上司对自己失望，这种异常的焦虑和恐慌使他们感到寸步难行，唯有通过拖延来逃避这种焦虑感。

害怕失败正是造成焦虑和拖延的重要原因之一。当面对可能发生的失败时，有些人会让自己失败的画面整夜在脑海中生动上演，而这又加深了自己的焦虑。从某种程度上来看，拖延症能帮助逃离这种恐惧。

一个缺乏自信的人，在人生的道路上是怯懦的。他们害怕被否定，害怕被质疑，因为害怕，他们选择了拖延，而拖延带给他们的除了暂时的心理舒适外，更多的是循环往复的焦虑。

马艳从大学毕业后，就成为县一中的语文老师。学校领导对这个师范大学高才生另眼看待，她一入职就让她担任高一重点班一班的班主任。然而，高才生马艳辜负了学校领导的期待，期末考试时，一班的成绩竟然还不如普通班，这简直有点说不过去。

面对这样的结果，马艳进行了认真的反思。这一学期以来，她的工作压力并不小，虽然她刚刚入职，没有任何经验，却被委以重任，这让她心中发虚，很长一段时间都在心里打鼓，生怕自己做不好班主任。而这种自我怀疑让她下意识地在规避一个班主任的责任，这让她变得焦虑。为了缓解这种焦虑，她对班级管理工作能拖就拖，实在拖不了就敷衍以对。这样一学期下来，这个班级的管理当然是一团糟。

当马艳找到自己的症结后，她不再拖延，不再逃避，此后她在班级管理上花了更多的心思，与此同时，她的焦虑以及压力大大减轻了，而一班最终也成为“学霸”班。

当你选择相信自己的时候，你会发现困难是如此脆弱。拖延不可怕，焦虑也不可怕，可怕的是我们对自己的看法。拿起“自信”之刀，将“拖延”的荆棘通通砍倒，我们将会迎来人生的阳光大道。

◇ 如何应对拖延中的焦虑 ◇

把事情拖到最后一刻才执行，一边心里万分焦急，一边越做越觉得自己做得不够好。针对这种情况，要如何应对呢？

1.认清自己的情绪状态

认清自己的情绪处于怎样的状态，比起手中的任务或作业是否有更着急要解决的部分？如果有，需要先将困扰自己的部分解决掉。

2.立即行动

不管计划是否完美，先做起来，在实践中逐步完善。这世上并不存在完美无缺的计划，有的则是尽力完成的成果。

3.从更容易得到满足的事情入手

让成就感和价值感先积累起来，每次只处理一件事情，等这件事情完成之后再开启第二件。一个一个来，不必同时进行好几个，让成就感增强自信心。

借口成为习惯，如毒液腐蚀人生

要知道，人的习惯是在不知不觉中养成的，具有很强的惯性，很难根除。它总是在潜意识里告诉你，这个事这样做，那个事那样做。在习惯的作用下，哪怕是做出了不好的事，你也会觉得是理所当然的。

比如说为自己的拖延行为寻找借口。选择拖延的行为，总会为自己找到借口。而找借口，是世界上最容易办到的事情之一，因为我们可以找到很多的借口去自我安慰，掩饰自己的错误。在工作和生活中就是这样，有的人常常把不成功归咎于外界因素，总是要去找一些敷衍其他人的借口。久而久之，我们就会养成一个习惯：借口越找越多。于是，我们靠着一个又一个借口麻痹自己，在一个又一个借口中消磨生活的勇气和热情。

当我们千方百计为失败找借口时，时间在一个又一个借口中悄然流逝，个性的棱角在一个又一个借口中被磨平。原本尚存的希望，也在一个又一个借口中溜走；原本尚存的斗志，在一个又一个借口中远离；原本尚存的机遇，在一个又一个借口中错过……

如果在工作中以某种借口为自己的过错和应负的责任开脱，第一次你可能会沉浸在借口为自己带来的暂时的舒适和安全中而不自知。于是，这种借口带来的“好处”会让你第二次、第三次为自己去寻找借口，因为在你的思想里，你已经接受了这种寻找借口的行为。不幸的是，你很可能会形成一种寻找借口的习惯。

这是一种十分可怕的消极的心理习惯，它会让你的工作变得拖沓而没有效率，会让你变得消极而最终一事无成。于是，便有可能出现这样的情境：两眼紧盯屏幕，其实脑中却空空如也，什么也没有想；面对一份方案，即使抓耳挠腮、咬牙切齿、搜肠刮肚，依然没有新的想法，更别说靠谱的方案。此时头脑内部就像早已干涸的河床，大脑的运动就像休眠中的火山……这时候，你才会明白，长期的借口会腐蚀你的大脑。

可见，习惯虽小，却影响深远。习惯对我们的生活有绝对的影响，因为它是一贯的，它在不知不觉中，经年累月影响着我们的品德、思维和行为的方式，左右着我们的成败。

一旦我们养成了寻找借口的习惯，那么我们的上进心和创造力就慢慢地烟消云散了。我们要拒绝借口，避免养成寻找借口的坏习惯，在工作中，更应该想办法去拒绝借口，而不是忙着找借口。

许多平庸者、失败者的悲哀，常常在于面对困境时缺乏足够的智慧和勇气，总是在借口的老路上越走越远。“生不逢时”“不会处世”“缺少资金”……归结一点：自己的拖延行为是各种因素促成的。

◇ 别让借口成为一种习惯 ◇

良好的习惯助人优秀，而不好的习惯会让人平庸。喜欢以各种借口为自己开脱，就属于不良习惯之一。那么，怎样才能不让找借口成为一种习惯呢?

1. 有良好的工作生活态度

把领导布置的每件事情都当成重要的事情，积极主动、力求完美地去做好，要有自己远大的理想与人生的规划。

2. 有良好的工作方法

一个适合的工作方法，是完成工作的保证。与其在事后为自己的失败找借口，不如在开始时为获取成功找一个好的工作方法。

3. 正视失败与问题

失败与问题不可避免，在出现问题时，除了道歉，如何去改正错误、解决问题才是我们最应该去做的。只有真正把错误改正了，问题解决了，别人才会真正地原谅你。

总之，借口只是借口，永远不是答案。更为重要的是，千万别让借口成为一种习惯。因为如果让借口成了一种习惯，那就离失败不远了。

事实上，困难永远都有，挫折也在所难免，关键是怎样对待。不断向别人学习，不断充实自己，不断总结经验教训，不断探索实践，这样才会有成功的机会。

如果你发现自己经常为了没做某些事而制造借口，或是想出千百个理由来为没能如期实现计划而辩解，那么现在是该面对现实好好检讨的时候了。

承担不自信的恶果

拖延产生的根本原因之一便是不自信。因为不自信，所以恐惧；因为恐惧，所以拖延；因为拖延，所以不自信。这种恶性循环的次数越多，对心灵造成的伤害也就越大。

这绝不是危言耸听，身边发生的事实会告诉你真相：

莹莹是某所大学的毕业生，只不过毕业两年来，她被归为了“啃老”一族。对莹莹来说，她并不是不想去参加工作，更不愿意背负“啃老”的恶名。

家里人都为她的现状而着急。从小玩到大的表哥小杨问莹莹：为什么不去上班却选择啃老？莹莹很不好意思地说，因为现在各大公司要求比较严格，怕自己进去后，受不了公司的约束。表哥建议莹莹可以选择工作形式相对灵活一些的公司。但是莹莹又很快表示，好一点的企业招聘的都是名校研究生，自己只是一个二本院校毕业的本科生，很难进入好公司。而这是自己毕业后一直没有找工作的主要原因。

在莹莹眼里，总觉得自己学历不高，能力有限，她也想自己快点找工作，但总是觉得自己还没有准备好。她为自己准备了好几份简历，但终究因为自信心不足，而一再拖延投出简历。

“等下个月，我把这本介绍互联网金融的书看完，再投简历吧。这样我的知识更丰富一些，面试时我也不担心。”

“等年底再开始找工作吧，那时候离职的员工比较多，很多企业开始准备招人，我有可能会被录用。”

这些不自信的想法，让莹莹一次次拖延找工作的念头。她总是躲在自己的小角落里，害怕一出来就会受到伤害。莹莹总认为自己的状态还不够好，自己的知识还不够丰富，这种不自信导致她不断拖延，以至于自己最终成为别人眼中的“啃老族”。

至于恐惧在拖延症中所起到的作用，2009年，卡尔顿大学的提摩西·A. 派切尔教授带领两位研究生通过研究证明：导致拖延症的恐惧是多方面的，有人是因为缺乏信心而拖延；有人是害怕表现不好导致丢脸、伤自尊而拖延；还有人则是害怕自

◇ 如何提高自信心 ◇

1. 经常关注自己的优点和成就

在纸上至少写出五个优点和五项成就。对着这张字条，经常看看、想想。在从事各种活动时，想想自己的优点，并告诉自己曾经有过什么成就，以此给自己信心。

2. 多与自信的人接触和来往

“近朱者赤，近墨者黑。”你若常和悲观失望的人在一起，你也会萎靡不振。若你经常与胸怀宽广、自信心强的人接触，你一定也会成为这样的人。

3. 自我心理暗示

不断对自己进行正面心理强化，避免对自己进行负面强化。当你碰到困难时，一定不要放弃。要坚持对自己说：“我能行！”

己失败了，会让自己最在意的人失望，所以才拖延。

在不自信的人眼中，他们会经常以自己构想的视角去看问题，他们经常用自己构想出来的结果打消自己前进的念头，比如他们可能会说："那家公司的笔试题肯定非常难，到时如果我很多题答不出来，肯定会被鄙视的。"而这种不自信导致的后果就是不断拖延。

缺乏自信心会使人拖延，而拖延反过来又会影响人们的心理和精神，进而使人的自信进一步降低。人们会在拖延中滋生出更多的挫折感和自我挫败式的思维方式。同时，还会萌生出一些固执、荒唐的想法，影响对自身能力的评价。当一个人因为缺乏自信而一再拖延时，他的内心便会因此而产生更严重的内疚、自责和心理冲突，从而加重拖延。

怎么解决这些麻烦？问题不在于事情多难、压力多大，而在于你得信自己，你更得信"你命在你不在天"！自信心建立起来了，你的拖延症也就治好了一大半。

你是否有"决策恐惧症"

有一种"决心型"的拖延者，他们没办法下决心拿出自己的意见或决策，只好用拖延来回避。

决策恐惧意味着你害怕决定任何事情，也就是不管自己的婚姻、工作或别的什么事情，总是因为父母、环境等影响，做出无奈的选择。而这背后，其实是自己的潜意识中不愿为自己的决策负责任。

安娜是公司新来的员工，她年轻、漂亮，对工作也比较认真负责，领导交代的任务，她都特别上心，对每一项任务她往往都会做出两种或两种以上的方案，拿到领导那里去请教。她会将每一种方案的优点、缺点进行分析，可就是从来不说自己认为哪种好，只等着领导做决定。

领导起初觉得这小姑娘还真不错，挺上进的。后来，聪明的领导发现了一个问题：明明是交代安娜做策划案，可自己的工作量比原来多了。自己要花上近一个小时来听她讲述所有方案，这时间，完全够他跟老客户谈笔生意了。安娜介绍完了之后，他也不能闲着，还得把几种方案在脑子里进行对比，以判断哪个更好。

随着时间的推移，领导终于忍不住了，说："安娜，你能不能给我一份直接可用的方案？我没时间看那么多。"第二天，领导在办公室一直没有看到安娜的方案，他想："有可能是安娜这次要完成的方案花费时间比较多。"他就没有理会。又过了一天，安娜的方案还没有送来，领导把安娜叫到办公室问："这么长时间了，我也没看到你的方案，做好了吗？"安娜很委屈："我想好了两套方案，但是不知道哪个方案会获得你的认可，所以一直还没有做……"

其实，安娜就是一个决策恐惧者。她每次做两种策划案，还要拿去跟领导探讨，是因为她怕自己贸然交上去一份，老板觉得不好，或者是被客户直接退回来，她就得承担责任。如果是领导选的，就算客户不认同，那跟她也没多大关系，因为不是她做的决定。在她看来，拖延着不做决定，把决策权交给别人，责任就转嫁到别人身上了。

的确如此，心理学家沃尔特·考夫曼早就说过：“患有决策恐惧症的人，通常不会自己做决定，而是让别人替自己来决定。这样的话，他们就不用对后果负责了。”

患有决策恐惧症的人通常没有主心骨，凡事都不想出头，这样的人生势必没有了博弈的快乐。试想安娜的人生，她连一套方案都不敢决定，那么很可能也将失去主宰人生的能力。

对于决策恐惧症，其实在很多人的身上都有所体现，人们的内心经常会被这种“做还是不做”的想法所纠结。当你长期处于这样的环境，在面对任何事情的时候，也许都会变得犹豫不决，不能痛痛快快地去做某件事。纠结于做还是不做，你的内心根本没有自己的方向和目标，做事的时候就会喜欢拖拖拉拉地无限拖延。

不管我们是否承认，人的一生有太多需要自己决策的事情，哪怕我们再充满恐惧，哪怕我们再无从选择，也要做决策。别人可以给你指路，别人可以给你提供建议，可最终做决定的是自己，所以，不要再拖下去了，大胆地为自己做决策吧。

从拖拉上升为拖延

对很多人而言，拖延症并非天生的。有的人并不是天生的“慢性子”，拖延症的养成是旷日持久的。有人认为，偶尔的拖沓无伤大雅，殊不知拖沓成为习惯，自己最后终将罹患拖延症。

从拖拉到拖延的变化悄无声息，很多人看似一夜之间变成了拖延症患者，实际上，最初的一段时间被大家忽视了。做事不利索、速度过慢、跟不上节奏，都有可能是拖延症的前奏。而进一步发展，则可能发展成为拖延症。

“我上小学四、五年级时，还经常尿床……”某次喝酒，一位老同学说出了自己的糗事。

“我也是!”另一个老同学顿时找到了共同话题。

“我那时候晚上尿急，可是贪睡，于是总想再憋一会儿再起来。结果每回都梦见找厕所，醒来就尿床了……”

◇ 如何做出正确的决策 ◇

1. 准确定义问题

为了正确而全面地定义问题，唯一的办法就是：对照观察到的所有情况，不断对已有的定义进行检验，一旦发现该定义未能涵盖全部情况，就立即将它摒弃。

2. 明确问题的限定条件

要明确列出决策所要实现的目标，并对目标进行优先排序和取舍。一旦现实情况发生大的变化，就应该马上寻找新的办法。

3. 搜集有意义的资讯

依据资讯了解决策目标之间的关联性以及相对重要性，判断哪些资讯是需要的，哪些可以忽略。

4. 拟订行动计划，确实执行

一旦做出了决定，就要下定决心确实执行，不要再想各种理由拖延，既然之前都已做好评估，就应专注于后续的执行上。

“怎么和我一样？”

当然，有这样经历的人相当多，他们长大成人之后，当然不尿床了。然而其中相当部分人依然贪睡，这种贪睡的人，在工作中大多是拖拖拉拉的人。

我们通过观察小孩子，就能发现孩子的注意力一般比较集中，随着年龄的增长，拖拉的习惯开始出现。当小孩子上小学以后，有的孩子可能会出现偶尔的不按时完成作业、上学迟到等问题。对于不喜欢、不想做的事，他们会在心理上产生抗拒，于是便会出现拖延。

孩子习惯于拖拉、磨蹭，最后有可能成长为拖延症患者。要从生活习惯抓起，先给他规定时间，要求他在规定时间内完成自己要做的事，从孩提时代控制拖延症发生的因子。一位家长说，她女儿早上起床穿一双袜子要十分钟，家长看到穿袜子这么费劲十分冒火。什么吃饭、穿衣、洗漱也是尽量地拖时间。也有些孩子写作业拖延时间到晚上十点，减少了睡眠时间，导致第二天上课没有精神，降低了学习效率。周而复始，造成恶性循环。这时，孩子已经具备拖延症的潜质了。

从一开始就要拒绝拖沓，这样才能将拖延扼杀在摇篮里。比方说孩子早晨起床后磨磨蹭蹭的，家长不要急，也不要去帮他，可以提醒孩子一下“再不快点可要迟到了”，如果他依然在那里磨磨蹭蹭的，不妨任由他去，不必担心孩子上学会迟到。如果让孩子亲身体验上学迟到的后果，挨了批评后，就会认识到磨蹭带来的害处，几次以后就会改变自己拖沓的习惯。

此外，孩子只有感受到不再拖沓对他自己有好处，他最终才会“快”得起来。比如做作业磨蹭的问题，要把孩子节约出来的时间还给孩子，在较快完成了任务后，孩子可以用省下来的时间做一些自己感兴趣的事情。

虽然我们都已经过了孩提时代，但是孩子们的抗拖路径仍能为我们提供参考。当发现自己的拖拉苗头时，必须警醒自己。开车得自己看路，开船得自己掌舵，千万别把一切交给明天，交给时间，否则，你真就成为拖延症患者了！

反思：

来点心理测试：你有没有拖延症

我们不妨做一个有关拖延症的心理测试。你一定要如实作答，选“是”得1分，选“否”得0分，用笔记录下来，看看你是否患了拖延症，你的拖延症有多严重。

1. 从工作中选择最容易但最不重要的事做，越重要的事拖得越久？

是（1分）否（0分）

2. 每天上班时总忍不住在网上乱逛，临近下班才开始工作？
是（1分）否（0分）
3. 从来没有为工作列过计划，也不懂时间管理？
是（1分）否（0分）
4. 白天能做完的事，非要拖到晚上加班来做？
是（1分）否（0分）
5. 很难立刻行动，总要推迟到心情好到想去做的所谓“最佳时刻”？
是（1分）否（0分）
6. 每次老板或同事问及工作进展时，总说“我再看看”？
是（1分）否（0分）
7. 平日里很懒散，很多事都想着明天再做？
是（1分）否（0分）
8. 要做事时脑子里突然冒出很多想法：先忙点别的，稍后再开始？
是（1分）否（0分）
9. 越计划越复杂，最后彻底绝望，干脆取消计划或无限期推迟计划？
是（1分）否（0分）
10. 习惯等待，等到全部细节到位、确有把握的时候再去做？
是（1分）否（0分）
11. 经常因为时间紧迫，草草交差，结果被同事和老板责怪？
是（1分）否（0分）
12. 办公室里放着一堆零食，上班时经常吃东西？
是（1分）否（0分）
13. 脸皮比较厚，任别人怎么催，也不慌不忙，习以为常？
是（1分）否（0分）
14. 从来不会主动汇报自己的工作情况？
是（1分）否（0分）
15. 团队合作时，自己总是被孤立，没人愿意与自己做搭档？
是（1分）否（0分）

测试结果分析：

1~4分：轻度拖延。一定要提高警惕，赶紧找到原因，把拖延症扼杀在摇篮里。

5~11分：中度拖延。拖延可能已经成为你的一种习惯，改变它需要点时间，也需要耐力。

12~15分：重度拖延。你要重新审视自我，做好职业定位，找一份自己感兴趣和符合能力特长的工作，帮助你减缓拖延现象。

◇ 拖延症的特征 ◇

在生活工作中，拖延症的具体表现多种多样，程度也各有不同，但都有三个基本特征。

1. 普遍性

拖延现象是普遍的，每个人或多或少都会有一点拖延的毛病，有些人程度轻微，有些人更为严重。

2. 习惯性

患有拖延症的人，不是偶尔表现出拖延行为，而是经常性地在大事小事上都表现出来。他们希望戒除，却没能成功，因为这种习惯已在其潜意识中根深蒂固。

3. 危害性

拖延症的危害是广泛而严重的。在拖延中焦虑，在焦虑中又拖延，如此恶性循环，生活不顺利，工作低效率，最终一事无成。

如果很不幸，你已经有拖延的苗头，或者说已经“病入膏肓”了，那么这本书你一定要好好看看。它会让你知道，拖延症是一种不得不治的可怕顽疾，它会给你带来多少麻烦，它是怎么产生的，如何去对抗这个可恶的家伙。当然，它也会告诉你，如果没有拖延症，生活将是多么美好。

第四章
与拖延症较量，抵住拖延的种种诱惑

拖延形成的原因是复杂的、多因素的。对于“战拖”斗士们而言，改变拖延需要一个漫长的过程，不是一两句话、一两种方法就能办到的。

要战胜拖延，就得先从心理和行动上克服拖延症带来的种种便利。如果拖延的便利一直存在，那么人始终会处于一种期盼拖延的状态，拖延将成为唯一的选择。你，要任由拖延症继续发展下去吗？“战拖”，就从抗击拖延带来的诱惑开始！

不要陷入“内卷化”效应

美国人类文学学家利福德·盖尔茨在20世纪60年代末提出了“内卷化效应”，它是指一种社会或文化模式在某一发展阶段达到一种确定的形式后，便停滞不前或无法转化为另一种高级模式的现象。如今，内卷化效应在职场中表现得尤为突出。

“没神经、没痛感、没效率，对职业充满倦怠，整个人就像橡皮做成的一样”，这是对职场上一些人的画像。他们通常可能还会表现出情绪的懈怠、工作的拖延等。这样的人广泛存在于我们周围。面对屡见不鲜的职场橡皮人的内卷化现象，人们不禁要问：他们为何停步不前？是天赋欠缺，勤奋不够，还是运气迟迟没有垂青？

其实，根本出发点即在于其态度。人们常说，信念决定命运。如果一个人认为自己这一生只能如此，那么命运基本也就不会再有改变，生活就此充满自怨自艾；如果相信自己还能有一番作为，并付诸行动，那么便可能大有收获。如果一个人认定此生再也没有进步的空间，那么他进步的动力将消失殆尽，前途也将不作他想，一直自我重复，也不可能有新的进步。

要始终保持一份积极的心态，不虚度每一天，不原谅每一天的懒散，克服浮躁，用精益求精来勉励、监督自己。

洛杉矶湖人队前教练派特雷利在湖人队最低潮时，告诉球队的12名队员说：“今年我们只要每人比去年进步1%就好，有没有问题？”球员们一听：“才1%，太容易了！”于是，在罚球、抢篮板、助攻、拦截、防守五方面，每人都各进步了1%，结果那一年湖人队获得了冠军，而且夺冠的过程很轻松。

有人问派特雷利教练，为什么能这么容易得到冠军。教练说：“每人在五个方面各进步1%，合计则为5%，12人一共60%。一年进步60%的球队，你说能不得冠军吗？”

每个人只要抱着进步1%的信念去努力，就会有意想不到的收获。如果你仅仅满足于现在的表现，你只会陷入“内卷化”的泥沼，最终拖延不前。

一个人要摆脱内卷化状态，迫切需要改进观念。如果你的思想停留于怨天尤人或者安于现状，对职业没有规划，对前途缺乏信心，对内卷化听之任之，人生将会由此停滞不前。反之，如果有了奋发向上的觉悟，也就拥有了上进的信念。在这种信念的鼓舞下，一个人才能充分发挥出自身的潜力，让能力变成价值。

◇ 如何避免“内卷化” ◇

避免内卷化效应发生在自己身上，有以下几个途径：

1. 树立正确的思想和价值观

不能过分安逸于现实生活，不求上进，要发掘自己内心强大的动力，相信自己具备创造更大价值的能力。时刻告诫自己：比你优秀的人比你还努力，你还有什么理由浑浑噩噩下去。

2. 想办法改变现实的处境

不要以没有学历、没有技术等为借口，要培养自己学习新知识、接受新事物的习惯，重新规划自己的职业生涯，改变现实的处境。

3. 转变生活态度

很多具有内卷化心态的人往往适应了多年形成的生活习惯，只要有意识地去培养积极的生活态度，习惯就会逐渐得以改正。

总之，不断优化自己的性格，才能收获更加美好的生活。

分析内卷化的原因，能力是另一个重要方面。只有将能力发挥到淋漓尽致，个人价值得以体现，他们才能重燃工作激情，进而积极努力。

当企业赋予你一项重任时，一定要做到超越企业的期望，千万不要满足于得过且过的表现，要做就做得更好。在追求进步方面，不要做到适可而止，一定要做到永不懈怠；在知识能力方面，不要满足于一知半解，一定要做到融会贯通——只有如此，才能在追求进步的过程中成就自己，成为企业发展天平上更重要的一个砝码。

分析个人的内卷化情况，我们不妨通过自我检讨和反省，积极调整心态，给自己的工作和生活增添激情。

内卷化对每一个人的资源消耗都是巨大的，包括时间、精力和意志。要切记，走出内卷化，克服拖延症，要靠自身的努力。这种努力来自强烈的求知欲望和顽强的上进精神。只有充分发挥自身力量，才能突破自我、表现自我、超越自我，从而使职业生涯呈现出一片勃勃生机。

正视你的“审美疲劳”

“审美疲劳”原本是美学术语。具体表现为对审美对象的兴奋减弱，不再产生较强的美感，甚至对对象表示厌弃。

爱情中存在审美疲劳的现象：再漂亮的美女，看久了，也会没有了视觉刺激。工作也有“审美疲劳”。长期处在同一领域，每天都要大量地接受相同的信息，难免会产生厌烦的感觉以及心理上的疲劳，从而失去最初的新鲜感，感到乏味、枯燥，提不起精神，引发职场倦怠，进而产生拖延工作等行为。

一个人进入一家企业，通常有“三天”、“三个月”和“三年”这三个关卡。也就是说，上班三天，便会心想：“原来公司不过如此！”原本的幻想在此时几乎烟消云散。三个月时，对公司的状况与人事都已熟悉，被交付的工作也大概可以应付了，便开始进入东嫌西嫌的批评阶段。从上司说话的态度到办公室的布置，每件事都有能挑出毛病的地方。三年之后，差不多也可以独当一面了，这时是最易产生拖延症的阶段。

从以上三个“关卡”可以看出，一般员工在经过最初的摸爬滚打之后，容易产生消极的思想，认为自己这辈子已经步入一个既定的轨道，不再有种种年轻时的努力与上进心，对工作则是能拖则拖，对工作已经产生了应付，甚至是不满的心理。

实质上，一般情况下，产生职业审美疲劳的原因是由于长期的重复性劳动。对于工作本身的厌倦感，已经无法对自身的工作成果产生主观上的满意，即职业满意度不足。在没有足够的职业安全感的状态下，职业动机变得模糊，进而产生审美疲劳。

要在恋爱与工作中克服“审美疲劳”，都不是一件容易的事，但也不是不能实现的。如果你能想办法为其注入新的活力，想办法往里面“加”点糖，或许你的“疲劳”会有所改观。

你还记得大学毕业实习时候的情景吗？那时候的我们怀着未酬的壮志，揣着对未来美好的憧憬，心中燃烧着熊熊的烈火，让你感觉自己有浑身使不完的劲儿。你从不会迟到早退，不在意自己拿的是最少的工资，总是争抢着去干又脏又苦的活，那时候的我们绝对和“拖延”二字不沾边。

◇ 克服工作中的“审美疲劳” ◇

只有不断提升自己的职业满意度才是克服职业"审美疲劳"的根本办法。而提升个人职业满意度，可以从以下两个方面入手：

1. 寻找新的动力源泉

重新审视一下自己所处的环境，自己的日常工作内容，从中发现新的乐趣以及新的挑战。新的乐趣可以缓解每天面对大批量重复信息的厌倦感，而新的挑战则可以赋予新鲜的工作激情，激发斗志。

2. 学会容纳他人的价值观

试试感受他人的观点，发现其合理性，再来审视自己的想法，看看原本的坚持是否真的值得坚持。即使你仍然保留自己的想法，也不会因为孤芳自赏而平添许多苦恼。

如果你的激情能够持续下去，那么你所得到的回报一定会超过你的预期。遗憾的是，很多人都在杂乱琐碎的工作中丧失了对工作的热情，在不断熟悉工作的同时渐渐习惯了拖延、应付。也许你现在已经不是“实习生”了，但这并不意味着你的“实习生”心态就理所当然地应该结束了。

不管你在一个公司待了多长时间，也不管你的能力是弱还是强，做事情都不能敷衍、拖延。也许此时的我们初出茅庐，正激情飞扬地准备开辟自己的一方疆土；也许我们已经摸爬滚打了几年仍然不显山不露水；不论何种情况，我们都应当始终保持一种实习生的心态。

克服了懒惰，就成功了一半

心理学家乔治·哈里森这样说：“拖延懒惰是一种不能按照自己的本来意愿行事的精神状态，是缺乏意志力的表现。”虽然很多人都说意志力与拖延并没有关系，但我们不能否认，拖延真的是我们在惰性心理影响下导致行动力减弱而形成的一种坏习惯。

的确如此，在若干种因素导致的拖延中，懒惰是最为常见的。比如说，当我们早知道自己长期不运动已经导致体重超标，我们也知道能用什么方法减去身体多余的赘肉，可是我们迟迟不肯行动，以至于拖延着让不健康的生活继续，让体重继续增加。这就是懒惰带来的恶果。

张峰接到老板的任务：一周内起草与甲公司的销售合同，这对法律专业出身的他来说简直是小菜一碟。

第一天，手头上其他工作本来可以结束，但他想明天做完再动手也不迟。

第二天，有突发事件耽误了一上午，下班前他才勉强将原有工作完成。

第三天，他刚准备起草合同，同事工作上遇到困难请他帮忙耽误了一上午，下午他也没心情做，心想：周末的两天足够了，不急。

结果第四天，一帮朋友搞了个聚会，他整整玩了一天，晚上喝得酩酊大醉。

就这样，他一直睡到次日中午，起来头还晕得厉害，吃了几片药又躺下休息。

第六天上班后的例会上，老板问他完成任务没有。他撒谎说差不多了，只是有些数据需要核实，明天就能交上。

开完例会他立刻动手，才发现这个合同书远没想象中那么简单，涉及许多他不熟悉的领域，而且还需要许多实证数据的支持，就是三天也未必能完成！

由于合同没有按时拟好，影响了与客户签约，老板对他进行了严厉批评，还在公司内进行通报批评，张峰羞愧得无地自容。

案例中的张峰因为养成了拖延工作的习惯，而失去了行动的主动权，最终使自己狼狈不堪。

拖延和懒惰之间存在着不可分离的关系。惰性在拖延中滋生，而拖延是惰性的纵容者。拖延不一定是懒惰，但懒惰肯定会拖延。这两者结合在一起，便成为将你的灵魂和身体侵蚀一空的绝佳借口，而它们都有着让人上瘾的特性，越是懒惰越是拖延，如此持续下去，有可能会消磨你的意志，阻碍你的发展。

其实想要拒绝懒惰并没有多困难，最有效的方法就是让自己勤奋起来。亚历山大曾经说过："虽有卓越的才能，而无一心不断的勤勉、百折不挠的忍耐，亦不能立身于世。"成功人士知道"无限风光在险峰"，只有努力攀登，才能有"一览众山小"的豪情。

早起的鸟儿有虫吃。勤奋是一种需要长久坚持的人生信念，只有将"勤奋"二字作为自己永久的座右铭，才能在不拖延的人生中实现成功。

比尔·盖茨在参加博鳌亚洲论坛2007年年会期间，在一次与中国网友网上讨论时，接受了近两万名网友的提问。其中，大家向比尔·盖茨问得最多的问题是："你成功的主要原因是什么？"比尔·盖茨的回答是："工作勤奋，我对自己要求很苛刻。"

在微软创业初期，比尔·盖茨就异常勤奋努力。微软老员工鲍伯·欧瑞尔说出了他1977年进入微软公司时比尔·盖茨的工作状态："那时候比尔满世界飞。他会亲自跑到各个公司跟人家谈，比如得州设备、施乐公司、德国西门子公司、法国公牛机器公司等。那些公司会有一大帮技术、法律、销售及业余人员围着他，问他各种问题。比尔经常单枪匹马地参加世界各地的展览会，推销产品。比尔整天都在销售产品，有时他刚出差回来就连续上班24小时，累了就在办公桌下睡一小会儿。"

虽然微软的员工们工作非常卖力，但都勤奋不过他们的老板比尔·盖茨。事实上，比尔·盖茨至今依然如此勤奋努力，哈佛商学院的案例中有这样的说法："盖茨好像就住在办公室，他每天上午大约9点钟来到办公室后，就一直待到半夜，休息时间似乎就是吃比萨饼外卖这顿晚饭的几分钟，吃完后他又继续忙开了。"

每个精英的故事中都有类似的描述。当你羡慕别人坐拥巨富享受高品质生活时，当你妒忌别人拿着高薪坐着高位时，当你看到机会总是让别人遇到时，你也许会抱怨世界真不公平。但是，当你抱怨不公平时，是否反省过："我有他们那么勤奋吗？"

古罗马有两座圣殿：一座是勤奋的圣殿，另一座是荣誉的圣殿。他们在安排座位时有一个次序，就是必须经过前者，才能达到后者。勤奋是通往荣誉的必经之路，那些试图绕过勤奋、寻找荣誉的人，总是被荣誉拒之门外。

很多人总是在抱怨自己命运不济和人生的难以捉摸，其实命运本身并不如人们所言那样神秘莫测。洞察明了生活的人都了解：幸运和机遇通常伴随着那些勤奋努力之人，而不是那些拖延懒惰之人。

◇ 克服懒惰 ◇

懒惰表现为做事拖拖拉拉，没有效率，喜欢把所有任务积累到最后一刻。虽然懒惰不是传统意义上的病，但发作起来还真要命。那么，如何克服懒惰呢？

1. 学会自控

即生理和心理的自我掌控，要战胜懒惰心态，就要纠正自己的懒惰情绪，并及时有效地调动自己的身心。

2. 学会规划

对接手的任务，无论大事小事都要在脑海中制订一个具体的完工计划，最好在笔记本或备忘录上记录下期望完成的时间，做到及时提醒自己。

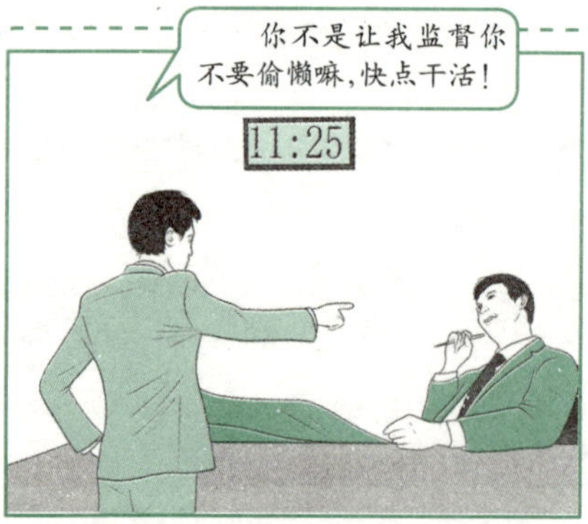

3. 学会监督

要学会监督和管理自己，坚决地对“三天打鱼，两天晒网”说不。如果自控能力差，也可以请其他人代为督促。

情绪管理：远离悲观的负面情绪

有些人由于自身或者环境原因，带着负面情绪生活、工作，在遇到挫折时，会发火和抱怨，让拖延成为唯一的应对途径。对于任何人而言，学会情绪控制和管理是非常重要的。一个人随便表现出自己的不良情绪不仅会伤害自己，还会伤害同事，伤害人际关系，更严重的是危及个人的发展。

每个人都会遇到一些糟糕情况，比如上班迟到、临时冒出多余工作、加班熬夜、客户责难，还有同事的竞争、老板的坏脸色……这些问题很容易触发自己的负面情绪。而控制和调节负面情绪的能力，是一个人应具备的素质。

如果我们把正面的心智模式融入我们的生活与工作当中，那么我们的激情就会被点燃，生活的质量也会立即得到改善，而因工作、生活挫折所引起的疲劳感就会相对减少。

比尔·盖茨有句名言："每天早晨醒来，一想到所从事的工作和所开发的技术将会给人类生活带来的巨大影响和变化，我就会无比兴奋和激动。"如果人人都能有这种正面的情绪，那将使我们变得活力四射、勇往直前，工作的疲态、困难也因此被清扫一空。

麦克是一家汽车行的经理，这家店是20家连锁店中的一家，生意兴隆，而且员工们个个热情高涨，对他们自己的工作表示骄傲。

但是麦克来此之前，情形并非如此。那时，员工们在这里工作，一切都显得波澜不惊，甚至有人认为这里的工作枯燥至极，公司中不断有人辞职。麦克用自己昂扬的精神状态感染了他们，让他们重新快乐地工作起来。

麦克每天第一个到达公司，微笑着向陆续到来的员工打招呼，把自己的工作一一排列在日程表上，他创立了与顾客联谊的员工讨论会，时常把自己的假期向后推迟。总之，他尽自己一切的热情努力为公司工作。

在他的影响下，整个公司变得积极上进，业绩稳步上升，他的精神改变了周围的一切，老板因此决定把他的工作方式向其他连锁店推广。

实际上，在你内心深处，有着无限的智慧、力量，以及你所需要的各种各样的"供应品"，这些都等着你去发掘、培养、发挥。催发我们心中巨大潜能的钥匙是个人的正面情绪。如果我们怀有积极的心态，我们存在于内心的巨大潜能就会在任何时间、空间，提供我们所需要的一切事物。

很多人深陷于负面情绪的泥沼中，导致自己越来越沮丧，一次次地重新回味，放大痛苦。这样非但没能因为你的宣泄而助你走出情感的阴影，相反还会造成情绪上的低落和行动上的迟缓。

我们常说：乐观的人说命运喜欢时时给人惊喜，悲观的人说命运喜欢时时给人意外。负面情绪总会引导自己看到灰暗的一面，即便到春天的花园里，他看到的也

◇ 学会摆脱负面情绪 ◇

在生活中，我们不可避免地会感受到各种负面情绪。这些情绪左右我们的生活，使我们感到挫败，我们希望生活幸福，就必须摆脱这些负面情绪。

1. 走出去

试着走出去，做些新鲜的事，看看新鲜的风景，接触一些新的朋友。虽然开始可能会使你害怕，但也请鼓起勇气去尝试。

2. 运动

人在愤怒时，心里有股气，发泄出来就好了，拳击，跑步，大声叫喊（在不打搅人的情况下），让自己筋疲力尽、汗流浃背，心情也会随之开阔。

3. 帮助他人

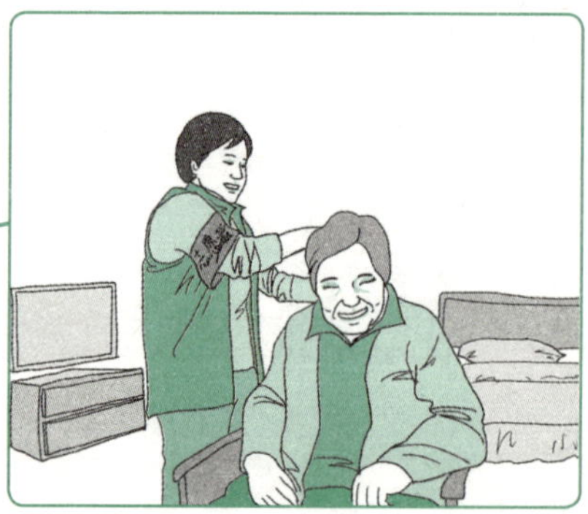

找个需要帮助的人，无私地帮助他，让自己的头脑远离那些问题和烦忧，帮助他人会让自己感到快乐。

只是折断的残枝、墙角的垃圾；而正面情绪引导他看到的是姹紫嫣红的鲜花、飞舞的蝴蝶，他的眼里到处是春天。

我们应该努力让正面情绪占到上风，让正面情绪引导积极的生活和工作状态，所有的痛苦很快就能转化为乐趣，从而助我们以昂扬的斗志踏入“战拖”之路。

努力工作的人是幸福的

肯德基的创始人桑德斯上校有句格言：“很多人因为闲散而生锈，如果我因为闲散而生锈，我会下地狱。”

而梁漱溟先生在《人生的艺术》一书中，谈到如何才能得到“合理痛快”的生活时说道：“我们都是身体很少劳动的人，可是我常是这样，颇费力气的事情开头懒于去做，等到劳动以后，遍身出汗，心里反倒觉得异常痛快。”可见，努力工作的人辛苦，但心里是满足的，当我们拖延工作、选择懈怠的时候，也可能就是我们陷入颓废的时候。

美国著名评论家门肯先生在回答威尔·杜兰特关于人生意义的提问时，对工作有一段诙谐的描述：“您问我的问题简单来说就是，我的人生获得了什么满足感，以及我为什么要不断地工作。我不断地工作和母鸡下蛋原因是一样的。每个生命都有一种说不清楚的但强有力的冲动。他要积极地履行某种职责，什么也不做是非常痛苦的事情。”

我们常说“一分耕耘，一分收获”，不会有任何因拖延而受到褒奖的行为，因为幸福来自每份努力中。世界上没有不劳而获的工作，任何人的成功和幸福都是建立在自己的努力与付出之上。

只有看到了自己在这份工作中的核心作用和实质意义，只有看到了这份工作在社会生活中的存在价值和积极贡献，并且认识到了这样的内涵，努力工作就能从中获得幸福。

一本名为《鱼：一种激发工作热情的绝妙方法》的畅销书描述的派克街鱼市，为工作中的人们带来了一股清新之气。

派克街成为美国西雅图著名的旅游景点，一个普普通通的鱼市让一群颓废的人不得不热爱他们的工作和生活。

“刚刚飞过去的难道是一条鱼？玛丽·简怀疑是不是自己眼花了，随后又有一条鱼飞过去。市场里的工人穿着白色的围裙、黑色橡胶靴，非常容易辨认。其中一个鱼贩抓起一条大鱼，扔向20英尺（约6.1米）远的柜台，并高声喊着：‘一条飞往明尼苏达州的鲑鱼。’其余的工人齐声应和道：‘一条飞往明尼苏达州的鲑鱼。’站在柜台后的那个家伙单手接住，简直是不可思议!人群中又响起一片赞叹声，然后他像一个

◇ 怎样拥有积极向上的心态 ◇

拥有积极向上的心态，才能充实地过好每一天，努力工作，从而实现自己的目标。要拥有积极向上的心态，需要：

1. 有一颗平常心

以“既来之则安之”的态度面对工作与生活，以一颗平常心看待我们拥有的一切，只有这样才能面对我们目前的环境，才能积极地迎接新生活。

2. 有一颗感恩心

带着感恩的心生活，我们就会收获美好；带着感恩的心工作，我们就会收获成功的喜悦。

3. 有一颗上进心

拥有一颗上进心，不仅时刻提醒我们努力工作，更能让我们在生活和工作中找到乐趣，发现自己无限的能量，督促自己用双手创造美好幸福的生活。

成功的斗牛士那样向喝彩的人群鞠躬致谢。这里的人真是活力四射!

“玛丽·简的右边，另一个鱼贩正在和一个随家长来买鱼的小孩儿开玩笑。他把一条大鱼的嘴巴打开，一张一合地像是在与人说话。另一个稍微年长一些、头发浅灰的家伙则边走边喊道：‘回答问题，回答问题，专门回答鱼的问题!’而一个年轻的工人则在收银台边上用螃蟹变戏法。看着销售人员对着鱼讲话，两位年长的顾客乐不可支。这个地方太热闹了!玛丽·简感受着，心情放松了许多。”

“在寒冷、潮湿、腥臭、污浊的鱼市场工作并不舒服，但我们可以选择对待工作的态度。……我们可以闷闷不乐、无精打采地度过一天；我们也可以带着不满的态度，毫无耐心地去激怒同事和顾客。但是如果我们带着阳光、带着幽默、带着愉快的心情上班，我们就会拥有美好的一天。我们可以选择一天的时光怎样度过。我们花了大量的时间来谈论这种选择，最终达成共识：只要我们工作一天，最好还是让这一天过得快乐。”派克街鱼市的工作人员这样总结。

安东尼·罗宾说过：“众所周知，除了少数天才，大多数人的禀赋相差无几。那么，是什么在造就我们、改变我们？是‘态度’！”我们要实现自己的幸福，就应当选择积极向上的态度。

神奇的 PDCA 循环法

成功者区别于一般人的一个重要标志，就是他们善于对自己的工作进行科学化管理，从而能够取得卓越的业绩、高质量的成果；而一般人无法运用科学的方法对自己的工作质量进行控制，从而导致结果平平。

如果要摆脱掉懒惰和拖延的病症，保证自己的工作高质高效地完成，保证自己的工作得到预期的结果，我们有必要在工作中利用PDCA循环。

PDCA循环又叫戴明环，是美国质量管理专家戴明博士提出的，它是全面质量管理所应遵循的科学程序。PDCA中的四个英文字母，分别代表计划（Plan）、执行（Do）、检查（Check）、修正再执行（Action）。PDCA是针对质量管理提出的一个科学的运作程序。

发达国家质量管理的实践证明：PDCA循环法是一个行之有效的科学管理程序。PDCA循环不仅是一种高效的管理方法，而且对于我们提高个人目的性和工作效能有很强的促进作用。在对抗懒惰和拖延问题上，可以充分借助它。

有一天，经理分配给比特一项任务：让他对某区冷食市场进行一项市场研究调查，并拟订一份市场调研报告。这本是让他大展身手的机会，但他苦于不知从何着手而毫无头绪。为什么要进行调查？怎样进行市场调查？遇到问题怎样解决？调研报告怎样写？……各种各样的问题直砸得他眼冒金星，头脑发涨，他不得不选择

◇ PDCA循环的特点 ◇

PDCA循环，可以使我们的思想方法和工作步骤更加条理化、系统化、图像化和科学化。它具有如下特点：

1.大环套小环、小环保大环、推动大循环

小环是大环的分解和保证。各级小环都围绕着总目标朝着同一方向转动。通过循环把管理的各方面有机地联系起来，彼此协调，互相促进。

2. 不断前进、不断提高

PDCA循环就像爬楼梯一样，一个循环运转结束，生产的质量就会提高一步，然后再制订下一个循环，再运转、再提高，不断前进，不断提高。

拖延。

比特的烦恼，相信很多人并不陌生，因为我们在工作过程中会遇到类似的烦恼。运用“PDCA”循环法，你的思路顿时会变得非常清晰。

以下就是比特利用“PDCA”循环法给自己制订的“某区冷食市场调查实施方案”：

1. Plan：制订一份周全的计划。

本阶段要明确六个问题。这六个问题简称为“5W1H”。

（1）为何制订此计划？（Why？）

（2）计划的目标是什么？（What？）

（3）何处执行此计划？（Where？）

（4）何时执行此计划？（When？）

（5）何人执行此计划（Who？）

（6）如何执行此计划（How？）

2. Do：计划好之后，着手将项目一步一步向前推进。

3. Check：在进行市场调研过程中，一定要记得检查，看项目的推进是否按原先的计划进行？当中有无纰漏和出现偏差？

4. Action：针对检查结果确定自己接下来的行动。

比特的案例告诉我们，PDCA循环法如果运用恰当，将为我们的工作提供很多便利。

要想让PDCA循环法在具体工作中对我们有较大的指导作用，我们在使用过程中要分阶段注意一些问题：

1.制订计划阶段（P）

我们应该对自己的工作目标做出承诺，有一个清醒且坚持的认识，否则，计划很难得到有效的实施。

2.沟通与辅导阶段（D）

目标确定以后，我们应该自己做自己的辅导员和教练员，帮助自己厘清工作思路。适当的时候我们要和上级沟通，保证自己的工作目标得以达成和超越，使自己的能力在过程中得到有效的提高，为更高的目标做好准备。

3.检查与反馈阶段（C）

正确认识自己有哪些优点，还存在哪些不足和有待改进的弱项。同时也可以向上级提出自己在完成目标中遇到的困难，请求在以后的工作中得到上司的指导和帮助。

4.诊断与提高阶段（A）

检查结束时，我们应该及时发现存在的不足并加以调整，使之不断得到改善和提高；同时，根据反馈的结果，制订改进计划，对自己在知识、技能和经验等方面存在的不足，制订发展计划，放入下一个PDCA循环加以改进。

远离那些懒散的“家伙”

前文中已经详述了懒惰与拖延的紧密联系，如果你身处一个懒散的群体中，你可能也会不自觉地变懒，进而因“懒”而致拖延。

有人这样说：“懒惰是传染病，只要你的身边有一个懒人，很快就会出现第二个、第三个，你也很快会变成其中的一分子。”这话比较有道理，懒惰犹如瘟疫，它会从一个人的身上蔓延到一群人的身上。的确如此，身边有了懒人，我们会不自觉地向他们看齐，否则内心往往会泛起不平衡：凭什么我要做这么多的事，我也要学会偷懒。

当下很多企业窝藏着一群懒人，上班踩着点，下班提前溜；凡事能躲则躲、能推则推，如果和这些懒散的“家伙”为伍，你迟早也会甘于平庸，不思进取。被誉为“世纪经理”的杰克·韦尔奇的经历多少能给我们一点启示。

1961年，韦尔奇已经来到GE工作一年了。这时候，韦尔奇的顶头上司伯特·科普兰给他涨了1000美元工资，韦尔奇觉得还不错，他以为这是公司对有贡献的人的奖赏，因而十分有干劲。但他很快发现，他的同事们拿的薪水跟他差不多。知道这个情况后，韦尔奇一天比一天萎靡不振，终日牢骚满腹。

一天，时任GE新化学开发部年轻的主管鲁本·加托夫将韦尔奇叫到自己的办公室，令他印象深刻的是这句话：“韦尔奇，难道你不希望有一天能站到这个大舞台的中央吗？”

这次谈话被韦尔奇称为是改变命运的一次谈话，后来当上执行总裁的韦尔奇也一直尊称加托夫为恩师。

他决定让自己有一个根本性的改变，这时在他面前出现了一个机遇：一个经理因成绩突出被提升到总部担任战略策划负责人，这样经理的职位就出现了空缺。我为什么不试试呢？韦尔奇想。

韦尔奇不想看着这个可以改变自己的机会从眼前溜走，“为什么不让我试试鲍勃的位置？”韦尔奇开门见山地对他的领导说。

韦尔奇在领导的车上坐了一个多小时，试图说服他。最后，领导似乎明白了韦尔奇是多么需要用这份工作来证明自己能为公司做些什么，他对站在街边的韦尔奇大声说道：“你是我认识的下属中，第一个向我要职位的人，我会记住你的。”

在接下来的七天时间里，韦尔奇不断地给领导打电话，列出他适合这个职位的其他原因。

一个星期后，加托夫打来电话，告诉他，他已被提升为塑料部门主管聚合物产品生产的经理。1968年6月初，也就是韦尔奇进入GE的第八年，他被提升为主管2600万美元的塑料业务部的总经理。当时他年仅33岁，是这家大公司有史以来最年轻的总经理。

1981年4月1日，杰克·韦尔奇终于凭借自己对公司的卓越贡献，稳稳地站到了董事长兼首席执行官的位置上，站到了GE这个大舞台的中央。

韦尔奇没有向平庸者们看齐，他不断进取，最终站到了公司内权力的最高点。然而，懒惰和懈怠只会将卓越的才华和创造性的智慧悉数吞噬，使之逐渐退步，甚至成为没有任何价值的员工。

不可否认的是，我们身边有很多懒人，他们或多或少会对自己造成一定的影响。不要把注意力放在这些人身上，关注他们只会让自己变得浮躁。如果你将注意力从他们身上转移的话，当你完成任务的时候，可能别人就在加班。我们不应该和“懒人”计较一些事情，这样会打击我们做事的积极性。

所以，我们不要轻易被懒人的言语和行为“诱惑”，懒惰只会带来片刻的舒适，该做的事情拖延之后仍须解决，到最后终将为自己的懒惰付出代价。“近朱者赤，近墨者黑”，我们要远离那些懒散的人群，防止自己被他们传染。

盘点：

造成拖延的四大原因

根据心理学家的研究，造成拖延有四大原因：

1.低目标价值

所谓低目标价值就是你所设定的目标价值不大，你并没有足够的动力去做这件事情，例如，当你的任务让你感觉无聊甚至厌烦的时候，你通常会延后做这件事情的时间。要知道， 任何具有重大意义和价值的任务都是由意义不大的小任务构成的，如果你在小任务上拖延，通常就会造成最终的任务失败。

2.拖延者的人格问题

有些人天生就是拖延者，因为某些基因可以使人更容易患拖延症（当然，有这样的基因并不一定会发展成为拖延症），这样的人有哪些人格特征呢？研究发现，拖延的人自我控制力低下，容易分心和冲动，有时候患有焦虑和抑郁。值得注意的是，抑郁和拖延往往相互促进，越抑郁你就越拖延，而拖延会造成生活上、心理上的很多失败，进而加剧抑郁。

3.低自我效能感与对失败的恐惧

自我效能感是心理学家班杜拉提出来的，它指的是个体认为自己有多大的把握完成某一任务。高自我效能感的人更有自信，通常认为自己能够完成某一任务，因而拖延行为较少。有研究发现，被试者如果期望自己能够成功，那么他的拖延行为会大大减少，这可以在一定程度上说明，拖延者内心存在着对失败的恐惧。

4.目标错误

几乎所有的拖延者都在设定目标时出现困难，他们的目标要么过于宏大而无法下手，要么过于琐碎而迷失方向，因此学会如何设定目标至关重要。

◇ 造成拖延症的其他原因：任务特征 ◇

拖延症的形成原因有很多，除了文中提到的几种外，任务特征同样会引发拖延症。

1. 任务难度

任务的难易程度会导致个体拖延行为的发生。任务越复杂，人们越容易拖延。当个体认为某项任务超出自己的能力时，由于缺乏对成功的控制感，通常会采用拖延的方式推迟或逃避执行该项任务。

2. 奖惩时限

任务的奖惩时限也影响任务的完成。如果奖赏及时，会减少任务完成时间。

3. 任务的枯燥程度

对于可能带来令人乏味、产生挫败感和怨恨的任务，人们会首先选择回避。如果不能回避，就会尽可能地推迟面对。

第五章

让完美主义见鬼去吧

人的完美主义倾向，在拖延中也起了很大作用。看似是在追求理想和最好，实际上只会让事情变得更糟：不仅没有尝到完美带来的喜悦，反倒深陷这一沼泽中无法自拔，甚至拖累了其他的人。

我们必须警惕完美主义带来的陷阱，不要因为苛求完美而导致拖延。放下完美主义，你会发现，过程中的不完美不会导致事态持续恶化，你也不会更加拖延，而你原来不完美的生活也可以很幸福、很惬意。

你是典型的完美主义者吗

在这个时代，拖延症似乎是最普通的“病症”。只是，那些拖延的人往往没有意识到，“完美主义”是造成很多人拖延的根源。

心理学家认为，一个人如果对自己和他人要求过高，总是追求完美，这种性格就是完美主义的体现。完美主义的性格通常分为三种类型：一是“要求自我型”，他们对自己总是高标准、严要求，不允许自己犯任何错误，表现为固执、刻板。二是“要求他人型”，给他人设定一个很高的标准，不允许别人犯错误，并且对他人极为挑剔。三是“被人要求型”，他们追求完美的动力是为了满足其他人的期望，总是感觉自己被期待着，害怕别人对自己感到失望，因此时刻都要保持完美，一旦受到挫折就感到痛苦，不能接受。

在这三种类型中，“要求自我型”在生活中最为常见。一般来讲，不能容忍美丽的事物有所缺憾，是一种正常心态。只不过，我们身边不乏因为完美主义导致不断拖延的人，他们追求完美，但不断拖延做事的节奏，最终得到不完美的结果。

小颖看周围不少同学都会游泳，于是在刚入夏时就决定学游泳。她认为，学习游泳必须做好相应的功课。她先在网上搜索和浏览“如何挑选游泳装备”之类的内容，然后开始上淘宝购物，挑了好几个晚上，终于买好了泳衣、泳镜、救生圈等装备。

此外，她还看了网上游泳教学的视频，自己跟着视频练习游泳的姿势。然后她跑了自家附近几个游泳馆咨询学习游泳的一些情况……

等所有的信息都准备充分，认为自己真正可以开始学游泳时，夏天已经过去了，于是学习游泳的想法不得不拖延下去。而她做了漫长一夏的准备，一次也没有下过水，买的那些装备一次也没有用，这些装备恐怕得等到下一个夏天了。

当然，下一个夏天，她是不是真的要去学习游泳，还不好说。

为什么小颖如此想学游泳，却一直无法下水，迟迟无法开始呢？这很大程度上因为完美主义在作祟。

在完美主义者的眼中，做什么事情都不愿意匆匆忙忙地开始，总是要准备很长时间，要求万事俱备。比如，老师让学生发表一篇论文，他会去图书馆找很多资料，花很多时间认真读这些资料，就是一直无法开始写。等他觉得差不多可以写论文时，留给他完成论文的时间已经所剩无几，于是他只能草草写完或干脆拖延下去。

◇ 三个特征判断你是不是真正的完美主义者 ◇

以下三个征兆，表明你追求卓越的健康动力已经越过界限，成了你对完美的不健康需求。

1.将错误视为自己不足的证据

完美主义者不会将错误视为学习与成长的机会，反而会将错误视为自己不够好的证据。他们失误的时候，就会以苛刻的自我批判和小事故应对，使得他们感到挫败。

2.避免做可能会失败的事

完美主义者一般不会选择具有挑战性的活动，因为他们认为自己可能会失败，一旦失败，他们就会对自我产生怀疑，甚至厌弃。

3.花很长的时间来完成任务

完美主义者会为了完成任何事务而挣扎。他们会重新写电邮十多次以确保它的完美，或是会排练推销很多次，以期一开口就能让顾客满意。他们力求完美，反而削弱了他们的生产力。

《艺术家之路》的作者茱莉亚·卡梅隆说：“完美主义其实是导致你止步不前的障碍。它是一个怪圈——一个强迫你在所写所画所做的细节里不能自拔，丧失全局观念又使人精疲力竭的封闭式系统。”

的确，很多完美主义者在追求完美期间一直处于压力下，到了后期为了赶进度根本无法保证质量甚至无法完成事情，完美主义者甚至给人一种办事能力不够的感觉。

完美主义根本就不是什么好事。丘吉尔说：“完美主义让人瘫痪。”苛求完美恰恰是人们寻求幸福的最大障碍！要克服自己的完美主义倾向，可以采用以下几个步骤来管理自己的时间和期望值。

第一步，接受一个现实——我无法面面俱到。

第二步，去问自己，自己做到什么样子就算“足够好了”。

比如说，在一个完美的世界里，“我”可以每天工作12个小时以上；而在真实世界里，朝九晚五的工作时间对“我”来说就已经足够好了。在一个完美世界里，“我”可以每天一次、每次花90分钟练习瑜伽，并且会花差不多的时间去健身房；而在真实世界里，每周两次、每次1小时练瑜伽，加上每周三次、每次30分钟的健身房锻炼，已经足够好了。采用“足够好了”的思维方式后，个人压力会减轻许多，而拖延状况也会大大缓解。

完美主义者试图在每个方面都达到完美，最终只会导致妥协和挫败。在现实中的时间限制下，我们确实无法什么都做到完美。

拒绝完美：做一个普通人

车尔尼雪夫斯基说：“既然太阳上也有黑点，人世间的事情就更不可能没有缺陷。”世界上没有完美无瑕的东西，实际上，我们也没必要对自己太苛刻，不要因为追求完美而耽误了机会。

在生活中，总有一些人过于追求完美，用过高的眼光和标准苛求自己，衡量他人。无论做什么，都达不到自己的要求，进而苛责烦闷，陷入极度的苦恼中。事实上，“完美”是人类最大的错觉，完美主义者追求的完美，往往是不可得的。

“断臂的维纳斯”一直被认为是迄今发现的希腊女性雕像中最美的一尊。美丽的椭圆形脸庞，希腊式挺直的鼻梁，平坦的前额和丰满的下巴，平静的面容，无不带给人美的享受。

她那微微扭转的姿势，和谐而优美的螺旋形上升的体态，富有音乐的韵律感，充满了巨大的魅力。

作品中维纳斯的腿被富有表现力的衣褶所遮盖，仅露出脚趾，显得厚重稳定，更衬托出了上身的美。她的表情和身姿是那样庄严而端庄，然而又是那样优美，流

◇ 过度追求完美带来的困扰 ◇

过分苛求完美，会带给我们诸多困扰。

1. 总是感到不满意，幸福感低

过分地苛求完美，常会让人产生害怕、焦虑等情绪，极易受到负面影响，尤其在生活节奏快的当今社会，更易产生压迫感，从而对生活不满。

2. 学习、工作耗时耗力，效率不高

过分追求完美的人，会非常注意细节，他们会“吹毛求疵”地要求做到尽善尽美，不允许自己出现一点错误，有时还会把这种要求强加到别人身上。

3. 选择困难，拒绝没把握的事

对完美的过分追求，会使人陷入选择困难，他们要求自己必须做一个单选，而且这唯一的选择必须是最理想的选择。

过分追求完美的人往往会“不撞南墙不死心”，他们执着于要一个完美的结果，却没想过，在某些时候，拒绝完美才会赢来更好的转机、更大的利益，以及更多的幸福。

露出女性的柔美和妩媚。

令人惋惜的是，这么美丽的雕像居然没有双臂。于是，修复原作的双臂成了艺术家、历史学家最感兴趣的课题之一。当时最典型的几种方案是：左手持苹果、搁在台座上，右手挽住下滑的腰布；双手拿着胜利花圈；右手捧鸽子，左手持苹果，并放在台座上让它啄食；右手抓住将要滑落的腰布，左手握着一束头发，正待入浴；与战神站在一起，右手握着他的右腕，左手搭在他的肩上……但是，只要有一种方案出现，就会有无数反驳的道理。最终得出的结论是，保持断臂反而是最完美的形象。

就像维纳斯的雕像一样，很多事情因为不完美而变得更有深意。不少人总是抱有一种力求完美的心态，可是人生根本没有什么所谓“十全十美”的事情，你又何必把自己折腾得这么累？凡事尽力而为即可。

生活中，很多人忙忙碌碌一辈子，到最后却一事无成，究其原因，就在于他们做事非要等到所有条件都具备时才肯动手去做，然而所有的事情没有一件是绝对完美的。所以，这些人往往就在等待完美中耗尽了他永远无法完美的一生。在这个世界上，如果你每做一件事都要求务必完美无缺，便会因心理负担的增加而不快乐。

实际上，世界上根本没有绝对的完美，人生的残缺才是一种常态。而且，凡事都要求尽善尽美，会给我们的生活增加很多负担，甚至会影响我们生活和工作的状态。

“金无足赤，人无完人”，我们都应该认识到自己的不完美。即使是全世界最出色的足球选手，十次传球，也有四次失误；最棒的股票投资专家，也有马失前蹄的时候。既然连最优秀的人做自己最擅长的工作都不能尽善尽美，那么一个普通的人为什么一定要追求虚无缥缈的“完美”呢？

拥有不断进取的心和完善自己的信念是应提倡的，但苛求自己是不必要的。人都会有缺点，这就是本来的生命状态。我们的成长就是克服这些缺点，并用尽可能平和的心态去看待这一切的过程。

没有瑕疵的事物是不存在的，盲目地追求完美的境界只能是劳而无功。因此，在生活中，我们不必为了一件事未做到尽善尽美的程度而自怨自艾。放弃对完美的追求，凡事不必尽善尽美，我们才能看到丰富多彩的生活图景，才能拥有完整的人生。

只要你知道这世界上没有什么会达到“完美”的境地，你就不必设定荒谬的完美标准来为难自己。你只要尽自己最大的努力开始去做每件事，就已经是很大成功了。

完成比完美更靠谱

雪莉·桑德伯格曾说过：“完成比完美更重要。”人们在面对工作时，总是会迟迟不肯迈出第一步。除了惰性，还有对自己施加过高的压力，于是总觉得还没有准备好，生怕做得不够完美就把应该完成的任务永远地推迟了。从这个角度来说，

“完美”固然具有诱惑性，但“完成”更靠谱一些。

不少人往往为了追求完美而努力，结果连完成也做不到，这在很大程度上是因为太执着于完美而忽视了完成。

完成是完美的先决条件，没有完成就谈不上完美。做事不拖延且高效能的人，会遵循这样的做事原则：先追求完成再追求完美。他们不会打着“还没想好，还没想周全”的名义把准备要做的事情拖到最后一天、最后一刻才去做。

一位各方面都表现非常优秀的年轻人，别人请教他为什么事事都做得又快又好的原因，他给出的回答竟然是：“我从来不追求完美。”听到这样的回答，请教的人当然不明所以，这位年轻人说起了自己的故事。

“高二那年我被任命为宣传委员，当时班级宣传委员最重要的任务之一是要负责出班级的黑板报。新官上任三把火，第一次板报主题是国庆，我摩拳擦掌地想在黑板上画条盘绕着的生龙活虎的‘龙’。事实上，这个工作并不简单，‘龙’的线条超级多又复杂。我没什么构图经验，非常不擅长在黑板上画画，但我觉得画‘龙’就要画得最逼真。我完全没有预料到这件事的难度，满脑子想的只有画完后我们的板报会有多么不落俗套又让人震撼，同学们会多么羡慕或者崇拜我。

“带着这种想法忙活了几天后，我崩溃了。虽然我很有耐心且很有信心地对照着图片擦了改、改了擦，还请了一个有美术功底的同学来帮忙，还是差很远。我们不停地擦改，希望能画得更像一点，直到发现出黑板报的时间不够了。沮丧和挫败感困扰着我，当时特别想撂挑子不干了，不过我的责任心让我继续下去——丑就丑吧，画完再说。在耐着性子把板报完成得差不多之后，黑板上的‘龙’竟然没那么不好看。

“这个事情给我很多启发，虽然黑板报没有达到完美的预期，但那次经验还是很难得的。此后，我在做事情时，就不再给自己一开始就下那么大的套子。先追求完成，然后再追求完美，这就是我的经验。”

的确，无论工作还是生活，只要我们不做完美者，接受瑕疵，允许自己做不到尽善尽美，先保证完成，再追求质量，一切就都会容易起来。

为了让你不再深陷于“完美主义”深渊，在完成目标的基础上，再追求完美，你可以参考如下的几个方法。

第一，停止纠结于细枝末节。要发一封正常沟通的邮件给客户，却来来回回看了不下十遍，总想在点击“发送”之前确保一切完美；曾在一个大项目上纠结于一个非常小的细节，导致项目延期。这些情景是否似曾相识呢？开始训练自己，别再把无关紧要、不影响实现目标的小细节复杂化。就算万一犯了错误，只需要记下来，下次你自会清楚该如何避免。无论你喜欢与否，我们总是在错误中学习和成长。

第二，预估大致完成时间。如果想确保一切都十分完美，在一定程度上就是在浪费时间。按照事情优先级排序，创建一份待办事项清单，并标注预计完成时间，可以帮你追踪自己的执行情况，更快完成项目，而不是纠结于完美。

当然，一天之中，总有些突发事件是无法预估的。面对这些，经验法则告诉我们，如果突发事情在两分钟之内可以完成，那就立即完成它！花几分钟处理这些突发小事有助于休息、醒脑和之后更加专注。

第三，不要和别人比。一方面要了解对手，运筹帷幄，另一方面要防止总拿自己和别人对比，关注于自己的想法和正在做的事情，努力达到自己的期望，这样才能避免负面想法和完美主义情结。如果发现别人在某些方面做得更好，那就将学习他人优点当作自己的动力，而不是将其当作影响你完成目标的障碍。

虽然完成得并不完美，但是一旦开始就会让人感到如释重负，难的是卸下追求完美、面面俱到的心理负担。请记住：如果连60分都没有做到的话，又怎么能做到100分呢？

你不可能让所有人都满意

每个人都会有自己的感觉，都会根据自己的想法来看待世界。一个人眼中的完美，在另一个人看来也许就是缺陷；而一个人所贬低的缺点，在另一个人看来很可能就是优点。由于每个人的价值观及对事情的判断喜好不同，无论是谁，在做事情时都不可能让所有的人都赞同你，而每个人也不可能做到完美，总会出现一些失误。因此，我们不要纠结于是否得到所有人的满意，要学会走自己的路，不被别人的“完美主义”所阻滞。

当你在进行一件事情时，可能会遭受来自各方面的压力与反对。一旦坚持目标，我们就不要因受到他人的攻击与非议而退缩，而要坚定地为实现这个目标而努力。因为在这些异议的声音中，难免会有一些嫉妒的、不怀好意的人趁机破坏你的努力。

美国总统杰弗逊曾一度被人骂作“伪君子”“骗子”“比谋杀犯好不了多少”……一幅刊在报纸上的漫画把他画成伏在断头台上，一把大刀正要切下他的脑袋，街上的人群都在嘘他。耶鲁大学的前校长德怀特曾说：“如果此人当选美国总统，我们的国家将会合法卖淫，行为可鄙，是非不分，不再敬天爱人。”听起来这似乎是在骂希特勒吧？可他谩骂的对象竟是杰弗逊总统，就是撰写独立宣言、被赞美为民主先驱的杰弗逊总统。

也许很多人在身处逆境时，希望得到别人的鼓励。日本有句格言：“如果给戴高帽，猪也会爬树。”这句话听起来似乎不雅，但说明了这样的一个道理：当一个人的才能得到他人的认可、赞扬和鼓励的时候，他就会产生一种发挥更大才能的欲望和力量。

但生活不光是赞扬，你碰到更多的可能是责难、讥讽、嘲笑。这时候，你一定要学会从自我激励中激发信心，学会自己给自己鼓掌。

朱健参加工作后，他爱上了“小发明”，一下班，常常一头钻进自己房间，看哪，写呀，试验呀，常常连饭也忘了吃。为此，全家人都对他有看法。妈妈整天絮絮叨叨、没完没了地骂他“是个油瓶倒了都不扶的懒人”，“将来连个媳妇都找不上”；他大哥就更过分了，一看到他写写画画、弄这弄那就来气，甚至拍着胸脯发誓：“这辈子，你要能搞出一个发明来，我的头朝下走路……”

在这种难堪的境遇中，朱健的“发明”之路受到了阻碍。他表现得有点泄气。不过，他的一个同事给他鼓励，让他继续坚持走自己的路。后来，厂报上开始登出有关他的“革新成果”，哪怕只有一个“豆腐块”“火柴盒”那么大，他也要高兴地细细品味，然后把这些介绍精心地剪贴起来，一有空闲就翻出来自我欣赏一番。

渐渐地，朱健实验成功的“小发明”慢慢多起来，“级别”也慢慢高起来。几年后，他的“小发明”竟然获得了专利，并且取得了良好的经济效益。

一个成功人士说：“别在乎别人对你的评价，否则，反而会成为你的包袱，我从不害怕自己得不到别人的喝彩，因为我会记得随时为自己鼓掌。”

同一个事物，每个人的眼光都有不同。面对不同的几何图形，有人看出了圆的光滑无棱，有人看出了三角形的直线组成，有人看出了半圆的方圆兼济，有人看出了不对称图形独到的美。同是一个甜麦圈，悲观者看见一个空洞，而乐观者品味到它的味道。

其实，生活和生命本身都是一样的道理。我们每个人的能力都是有限的，就像人类有其体能的极限一样。如果总是想着令别人满意，对自己大刀阔斧地整改，就是很荒谬、很愚蠢的想法。

事实确实如此，凡事绝难有统一定论，我们不可能让所有的人都对我们满意，所以可以拿他们的“意见”做参考，却不可以代替自己的“主见”，不要让他人的论断束缚了自己前进的步伐。追随你的热情、你的心灵，它们将带你实现梦想。

悦纳生活中的不完美

在现实生活中，有些人追求“完美主义”，于是我们便能听到各种各样的抱怨声，因不如自己的预期而导致拖延的状况时有发生。不过，抱怨和拖延并不能改变我们的处境，我们何不以一颗平常心的心态，直面生活的不完美呢。

其实，“不完美”的根源在于我们对生活不满足的心理及欲望的不断膨胀，而那些所谓的压力也是我们自己施加的，因为我们对自己的要求过高，才会感到处处不完美，使烦恼困扰我们，使工作、生活牵绊我们。

◇ 懂得感恩，学会知足 ◇

人生在世，不如意事常八九。所以，学会知足，知足者常乐！

1. 懂得感恩

感恩在你生命中出现过的人、事，他们都让你变得更加成熟。

2.多读书

多读一些书籍。好的书籍会帮助你成长。

3. 爱生活，心中有大爱

面朝大海，春暖花开。忘掉烦恼，凡事看开点，生活是自己的，要把握好自己的幸福。

如果你是一个知足常乐的人，就不会向生活要求太多。希腊哲学家克里安德，当时虽已八十高龄，依然仙风鹤骨，非常健壮。有人问他：“谁是世上最富有的人!”克里安德斩钉截铁地说：“知足的人。”

曾有人问当代美国最富有的石油大王史泰莱：“怎样才能致富？”这位石油大王不假思索地回答：“节约。”

“谁比你更富有？”

“知足的人。”

“知足就是最大的财富吗？”

史泰莱引用了罗马哲学家塞涅卡的一句名言来回答说：“最大的财富，是在于无欲。”

塞涅卡还有一句智慧的话：“如果你不能对现在的一切感到满足，那么纵使让你拥有全世界，你也不会幸福。”

最妙的是，罗马大政治家兼哲学家西塞罗也曾有类似的说法：“对于我们现在有的一切感到满足，就是财富上的最大保证。”

知足者常乐，知足便不作非分之想；知足便不好高骛远；知足便安若止水、气静心平；知足便不贪婪、不奢求、不豪夺巧取。过分地追求完美，只是徒然带给自己烦恼而已，在日日夜夜的焦虑企盼中，还没有尝到快乐之前，已饱受痛苦煎熬了。

当然，知足不是自满和自负，知足者能认识到无止境的欲望和痛苦，在能实现的欲望之内，他朝着自己既定的目标奋斗，这样也不会有拖延之虞了。

只有经常知足，在自我能达到的范围内要求自己，而不是刻意勉强自己，强迫自己，而是自觉地知足，才能心平气和地享受。因此古人说：“养心莫善于寡欲。”

如果我们对自己的要求过高，设定的目标不现实，又要坚持执着追求下去，不仅会损耗自己的健康，还会让自己在追求完美主义的过程中延误成长的机会。

也许，我们曾经专注地设计美妙的未来，细致地描绘多彩的前途，然而，尽管我们是那样固执、那样虔诚、那样坚忍地等待，生活却以我们全然没有料到的另一种面目呈现于面前。看淡完美主义，我们眼前会是另一番景象：积极、乐观、不拖延的生活。

走出完美主义的圈套

过度要求事事完美的人，总是要求每件事情做到尽善尽美，最终给自己施加了巨大的压力。由于主客观方面的影响而造成了不完美的结果，他们便会常常自责、拖延，伴有挫败感，结果自己和周围的人苦不堪言，不胜其累。

可以说，追求完美会导致自己陷入“完美主义”的圈套中。完美主义者有的追求工作上的完美，永远只能第一，不能第二；有的追求人际关系上的完美，希望所有的人都能喜爱自己，容不得别人对自己有半点不满，也容不得别人有闪失和错误；有的追求生活上的完美，无论吃饭、穿衣，每个细节都要考虑再三。这些完美主义者往往既是自我嫌弃的高手，也是挑剔别人的专家。当自己不能达到理想中的完美高度时，他们很容易作茧自缚，自暴自弃。但是，完美主义一旦变成对现实的苛求，立刻就成为一种陷阱。

小李是国内某所大学的博士生，博士学位已经读了七年了，主要问题在于他的博士论文写得拖拖拉拉，每到关键处就卡壳。但是不要小看小李的学术功底，他在读博期间完成了其他几篇很有水平的论文，还帮助好几位“师弟”有效解决了论文中的难点。

优秀的博士生小李为何迟迟不能毕业呢？问题出在他的“完美主义”倾向上，他对自己的博士论文要求甚高，而对其他的论文要求没这么高。回忆起读博后几年的生活，小李真是觉得苦不堪言。当有人指出他的完美主义倾向时，他恍然大悟，他不再苛求论文完美，论文反而高速度高质量地完成了。

可见，完美主义有时就是个“圈套”，它可以把雄鹰变成笨鸡。这不难理解，过分追求完美的人，希望时时事事都能得到别人的肯定和夸奖，害怕被别人拒绝或否定。为了避免不完美，他们不惜多花许多时间、气力去做事情，结果降低了自己的效能。另外有些完美主义者，是思想的巨人、行动的矮子。

如果说在精神领域也有什么“挡不住的诱惑”的话，恐怕完美主义就是一个。它几乎不需要什么投资，却可以在某些特定的条件下使人聊以自慰，就好像在干渴的沙漠中追逐海市蜃楼一样。

深陷于完美主义困境会让你经历更多的苦恼、忧虑，甚至沮丧。当无法达到完美的标准时，你会感到内疚和失望，并导致逃避心理，继而产生拖延行为。因此，是时候摆脱这种令人不愉快的、并没有任何好处的“完美主义”困境了。以下三个步骤可帮助你训练大脑走出完美主义困境。

第一，更加注意你的“完美主义”。当你遇到挑战或挫折的时候，花时间去反思。思考你的困境是不是完美主义带来的，如果坚持完美主义是不是会让你更加被动？

第二，思考你是如何走向“完美主义”的。是否事实真的如看起来一样糟糕？有没有夸大处境的消极面？是否能看到坚持完美主义的最终走向？

第三，用更有建设性的想法来替代“完美主义”。你如何改变你的想法让它变得更加真实？你又能如何摆脱完美主义的折磨呢？重新建立思想，以帮助你成长、学习。

实际上，醉心于追求绝对完美的人，往往不明白“完美”是抽象的概念，只有自己的生活才是具体的，有许多遗憾是无法避免的。

抛开缺陷和不完美，并接受它们作为你人生的组成部分。爱默生说：“快乐，不代表身边一切都是完美的。而是意味着你已决定无视某些小瑕疵。”你不妨思考一下，自己到底需要什么？

◇ 冲破完美主义的牢笼 ◇

冲破完美主义的牢笼，才能在不完美的世界里自由地生活、创造。

1. 甘于示弱

这对于大多数完美主义者而言是有违天性的。但是当在别人面前以极大的决心改变完美主义者的形象，展现自己脆弱一面的时候，得到的反响可能是无法想象的。

2. 做自己

克服完美主义最大的挑战来自于自身。所以，做最真实的自己，坦然接受生命中的任何不完美。

训练：

克服完美主义的方法

对于完美主义来说最具讽刺意味的是，它的特点体现为一种强烈的成功欲，同时也可能会成为妨碍成功的东西。那么，该如何克服完美主义导致的拖延呢？

1. 是否与童年创伤有关

如果是因为童年创伤而导致的完美主义拖延行为，先看到那些创伤是如何影响自己的。通常这些创伤的背后与严厉、高标准的父母有关，父母经常采用批评式的教育，使得孩子害怕失败。他们对失败会有灾难化后果的想象，觉得若这次失败了，自己也会就此完蛋。后来，拖延行为往往成了一种自我防御的机制，用来逃避风险。一个人是如何成为完美主义者的？先是父母对他们有很高的要求，后来他们会将父母的严厉和高要求内化，变成自己对自己的严厉和高要求。即便那时父母已经放松了对他们的要求，他们也无法对自己降低要求，就像他们拿着一根绳子进行自我捆绑。你的完美主义拖延行为是否与童年创伤有关？如果有，先看到并且承认这些创伤，然后去治愈它。当创伤治愈后，拖延的问题可以通过建立新的习惯得到解决，甚至内心创伤治愈后，拖延问题会自然得到改善。

2. 设定真实可及的目标

很多完美主义者的拖延行为是因为将自己的目标制订得太大了，那些难以企及的高标准压得人无法行动。你需要看看自己是否将目标制订得太高，太不切实际了。如果是，就要进行调整，降低自己的期待，参考以往的成功经验，设定真实可完成的目标。如果有一个大目标，可以再将大目标分成几个连续的小目标，每一次小目标的完成都会增加你的自信心。

3. 享受做事情的过程

做事情时，把你的关注点放到过程上，以过程为导向，积极关注自己在过程中取得的成果、学习到的东西、获得的成长，并且去挖掘自己在过程中得到的乐趣。记得不要与别人比较，而是与自己比较，看看今天的自己与昨天的自己相比、今年的自己与去年的自己相比，是否进步了。重要的是在做事的过程中，你学到了什么，你对什么感到兴奋，你提升了什么，结果只是一个背景而已。而能力也不再是一个固定的东西，它是可以变化和发展的，没有什么需要证明。当你在过程中得到很多的乐趣和快乐时，你就会觉得那个过程本身即结果，过程即充满了意义和价值。

◇ 摒弃完美主义，克服拖延 ◇

1. 原谅自己的缺点

每个人都不完美，都有优缺点。这并不是说你可以自暴自弃。你可以不断学习与进步，但是在无能为力的时候就应接受现实，承认自己的局限。不要浪费时间做一些无意义的抗争。

2. 关注真正有意义的事

判断自己的动机，只为了完美的结果，还是想解决问题？哪个更重要？完美经常妨碍及时性，不确定带来拖延。

3. 别让他人的评判影响结果

尽你所能做到最好。不要因为害怕他人的批判而影响发挥。如果过于担心别人的评价，害怕自己不完美，这种完美主义就具有自毁性。

4. 重新定义和看待失败

要克服拖延，完美主义者除了看重过程，还要把事情的成败与否与自己这个人本身的价值区分开来，“我做的事情失败了”并不等于“我这个人失败了”。如果我们改变面对失败的心态，能够把每一次失败都当成一次成长的契机，充实和提升自我的手段，可以丰富和扩展我们的人生，那么我们就不再如此害怕失败了。

5. 不要破罐破摔

很多完美主义者都有一个不好的习惯，一旦打破自己的计划或者约定，他们就破罐破摔，彻底放弃，他们承受失败的能力几乎等于零。他们喜欢不断地重新开始，相信明天就会完美了，却不能做到更灵活地面对和处理那些不完美。他们只有两个极端，要么完美，要么放弃。保持一个灵活、充满弹性的心态可以帮助适应不良的完美主义者克服拖延。当打破约定后，你可以有其他选择，比如重新调整计划，比如允许自己不完美，再比如选择完成而非完美。

6. 立即行动

这一点对所有的拖延症患者都适合，尤其适合那类做事情要万事俱备的完美主义拖延人士。什么事情拖得你心烦又痛苦，立即行动，先开始再说。如果你想写作，不管脑子里想到些什么，也不管别人怎么看待你写的东西，先坐下来写上三分钟再说。如果你想跑步也是如此：找一双舒服的鞋子，跑上三分钟再说。你会发现，一旦你开始了，即便三分钟过去，你也无法停下来，会继续干下去。我们做很多事情只要有必要条件就可以行动了，不必等到充分必要条件都满足，一是很难有充分必要条件都满足的时候，二是即便等到了充分必要条件都满足的时候，往往已错过最好的时机。

7. 学会激励自己而非谴责自己

我们很多人都喜欢谴责自己而做不到激励自己。在失败的时候谴责自己，在成功的时候又不奖励自己，这是很多人的做法，这样对自己真是相当不公平也不疼爱。很多人一边自责和辱骂自己，一边拖延着，以为这样自己的拖延行为就能改善，殊不知，自我厌弃换不来行动力，只会导致更严重的拖延。同时，谴责自己也会消耗我们大量的心理能量，带来更多的压力，让我们无力去自控，无法理性思考，也无法振作起来去克服拖延。相反，对自己的爱，对自我的接纳，失败时的自我激励，阶段性胜利时的奖励和庆祝，都会帮助我们更好地战胜拖延，增加意志力和自控力。

第六章

终结拖延症，跟借口说“再见”

当有件事迟早需要做，而此刻的你又不想做这件事时，你可以找到上百种理由推迟它。人天生就有趋利避害的本能，而借口恰好迎合了这种本能。诸如“我很忙”、“我不知道怎么做”或“这和我无关”等借口，看似稀松平常，却像罂粟果一样让人成瘾。

不管给自己找的理由听起来多么真实可信，这都不过是借口。借口，往往会让拖延变得顺理成章，而拖延又为借口的诞生创造了条件。陷入这样的恶性循环中，就只能在拖延的旋涡里沉没。要打败拖延的恶习，就得先学会“没有任何借口”。

借口是拖延的温床

习惯性的拖延者通常都是制造借口与托辞的专家。每当他们要付出劳动，或要做出抉择时，总会找出一些借口拖延。

找借口是一种不好的习惯。在遇到问题后不是积极、主动地去想方法加以解决，而是千方百计地寻找借口，你的工作就会变得越来越拖沓，更不用说什么高效率。某种程度上可以说，借口是拖延的温床。找到借口只是为了把自己的失败或过失掩盖掉，暂时人为制造一个安全的角落。长期这样下去，借口就会变成一种习惯，就会成为拖延的温床，人就会疏于努力，不再想方设法争取成功了。

把每一个“平庸”先生拿来跟“成功”先生相比，你会发现，他们在很多方面（如年龄、能力、社会背景、国籍等）都可能相同，却有一个例外，就是对问题的反应大不相同。

当“平庸”先生跌倒时，他就无法爬起来了，只会躺在地上骂个没完。但是，“成功”先生的反应完全不同。他被打倒时，会立即反弹起来，同时会汲取这个宝贵的经验，继续往前冲刺。

失败也罢，做错了也罢，再美妙的借口对事情的改变也没有任何作用！还不如再仔细想一想，想想下一步究竟该怎样去做。在实际的工作中，我们每个人都应当贯彻这种“没有任何借口”的思想。

美国著名的西点军校有一个传统，遇到学长或军官问话，新生只能有四种回答：

“报告长官，是。”

“报告长官，不是。”

“报告长官，没有任何借口。”

“报告长官，我不知道。”

除此之外，不能多说一个字。

新生可能会觉得这个制度不尽公平，例如军官问你：“你的腰带这样算擦亮了吗？”你当然希望为自己辩解，如“报告长官，排队的时候有位同学不小心撞到了我”。但是，你只能有以上四种回答，别无其他选择。

在这种情况下，你也许只能说：“报告长官，不是。”这既是要新生学习如何

◇ 工作中不找任何借口 ◇

优秀的人从不在工作中寻找任何借口，他们总是：

对客户：最大限度地满足客户提出的要求，而不是寻找各种借口推诿。

对上级：完美地完成上级部署的任务，替上级解决问题。

对同事：尽全力配合同事的工作，对同事提出的辅助要求，从不找任何借口推托或延迟。

忍受不公平——人生并不是永远公平的，同时也是让新生们学习必须承担的义务：现在他们只是军校学生，恪尽职责可能只要达到仪容整洁的要求，日后他们肩负的却是其他人的生死存亡。

“没有任何借口”是美国西点军校两百年来奉行的最重要的行为准则，是西点军校传授给每一位新生的第一个理念。它强化的是每一位学员应想尽办法完成任何一项任务，而不是为没有完成任务寻找借口，哪怕是看似合理的借口。秉承这一理念，无数西点毕业生在人生的各个领域取得了非凡的成就。

“没有任何借口”看起来似乎很绝对、很不公平，但“没有任何借口”的训练，让西点学员养成了完美的执行力以及在限定时间内完成任务的信心和信念。

因为借口只是拖延和失败的温床，工作没有借口，人生没有借口，成功永远也不属于那些寻找借口的人！

“我已经尽力了”只是借口而已

我们身边的很多人习惯于拖延，并且经常会说“我已经尽力了”，但是，你真的可以问心无愧地说“我已经全力以赴”了吗？

对自己说“已经尽力了”，只不过是一种自我安慰，一种对自己的谅解、对自己的放松。其实，胜利的果实也许就在彼岸向你招手。很简单的道理，如果你全力以赴地去做了，往往会出现不一样的结果。

一个猎人带着他的猎狗去打猎。他发现了猎物——一只兔子。猎人瞄准后开枪，打伤了那只兔子的一条后腿。这时兔子疯狂地往自己的窝里跑。猎狗也蹿了出去，打算追到那只已经残疾的兔子孝敬他的主人。兔子越跑越快，猎狗怎么都追不上那只断了腿的兔子，最后只能眼睁睁地看着兔子钻回了窝里，并灰溜溜地回到了主人旁边。

主人很生气：“我已经打伤了它的一条腿，你怎么还追不上它？”

猎狗惭愧地说：“我已经尽力了，主人。我也不知道为什么，它会跑那么快。”

那只兔子回到自己的窝之后，它的伙伴都来问它发生了什么。它说：“我被猎人打伤了腿，他的猎狗一直追我，但是最终我逃脱了。”

这时它的伙伴都很惊讶，问道：“那怎么可能？你已经伤了一条腿啊。猎狗怎么会没追你？”

这只兔子回答道：“因为我竭尽全力了，而猎狗只是尽力而已。”

当你遇到困难的时候，是否能像寓言中的兔子一样，先别说难，而是竭尽全力地做呢？不要说“我已经尽力了”。如果不发挥余力，我们就永远都不知道这余力的威力有多大。所以，不要过早下结论，等你把能力都使出来之后再说“这就是结

◇ 克服“约拿情结” ◇

克服“约拿情结”的影响，必须首先对心理进行一系列矫正：

1.清楚地了解自己的内心状况

在面对责任和压力时，克服恐惧心理，鼓起勇气，坚定信心，相信自己。明知山有虎，偏向虎山行。不管遇到怎样的困难和挫折，都要有破釜沉舟、血战到底的勇气和信心。

2.克服成长过程中的恐惧，同时也要看到自身的不足

只要我们每个人尽了最大的努力，发挥了自己应有的潜能，即使失败了，也可以积累一些经验和教训，这样离成功就指日可待了。

3.要具备“毛遂自荐”的勇气和信心

与其等待别人发现自己，不如主动地展现自身的才华。伯乐相马固然可敬可佩，前提是要坚持勤相马，发现良驹。不然，一直等下去，岂不悲哉？

果”吧！

其实，人们习惯于说“我已经尽力了”，多少跟自己的“约拿情结”有关系。约拿是《圣经》中的人物。上帝要约拿到尼尼微城去传话，这本是一种难得的使命和很高的荣誉，也是约拿平素所向往的。一旦理想成为现实，他又感到畏惧，感到自己不行，想回避即将到来的成功，想推却突然降临的荣誉。这种成功面前的畏惧心理，心理学家们称为“约拿情结”。

人害怕自己最低的可能性，这可以理解，因为人人都不愿意正视自己低能的一面。但是，人们还会害怕自己最高的可能性，这很难理解。但这的确是存在的事实：人们渴望成功，又害怕成功，尤其害怕争取成功的路上要遇到的失败，害怕成功到来的瞬间所带来的心理冲击，害怕取得成功所要付出的极其艰苦的劳动，也害怕成功所带来的种种社会压力……

我们大多数人内心都深藏着“约拿情结”。在面临机会的时候，我们要敢于打破平衡，认识并摆脱自己的“约拿情结”，勇于承担责任和压力，遇到事情不再找借口拖延，从而最终抓住获得成功的机会。

不全力以赴地解决问题，就会面临前怕狼后怕虎的局面，最后不但不能解决问题，还让自己丧失了继续的勇气。所以，我们在工作中应该全力以赴地去解决我们遇到的每一个问题，千万不要把“我已经尽力了”的借口时刻放在口头。

解决问题，让问题到此为止

在战场中，需要能带来胜利而不是问题的将军，同样道理，任何时候都需要那些能克服困难，能带来结果而不是问题的人。

只不过，我们的身边不乏那些不断推诿责任以至于不断拖延的事例。在某企业的季度会议上就可以听到类似的推诿。

营销部经理说：“最近销售不理想，我们得负一定的责任。但主要原因在于对手推出的新产品比我们的产品先进。”

研发经理“认真”总结道：“最近推出新产品少是由于研发预算少。大家都知道，杯水车薪的预算还被财务部门削减了。”

财务经理马上接着解释：“公司成本在上升，我们能节约就节约。”

这时，采购经理跳起来说：“采购成本上升了10%，是由于俄罗斯一个生产铬的矿山爆炸了，导致不锈钢价格急速攀升。”

于是，大家异口同声说：“原来如此!”言外之意便是：大家终于都找到了推脱的借口。

最后，人力资源经理终于发言：“这样说来，我只好去考核俄罗斯的矿山了？”

这样的情景经常在各个企业上演着——当工作出现困难时，各部门不寻找自身的问题，而是指责相关部门没有配合好自己的工作。相互推诿、扯皮，责任能推就推，事情能躲就躲。最后，问题只有不了了之。

美国总统杜鲁门上任后，在自己的办公桌上摆了块牌子，上面写着“Book of stop here”，翻译成中文是：“问题到此为止。”也可以理解为，让自己负起责任来，不要把问题丢给别人。

在生活和工作中，总会有问题出现，我们解决问题的能力越大，就越能体现我们的价值！如果我们面对问题，不是一味找借口，而是积极主动地寻找方法，再难的问题也能解决。

能不能解决好问题，也是一个企业衡量员工价值的重要标准。你有多少解决不了问题的借口都没有任何用处，对于决策者和你自己来说，你解决问题的结果才是最需要的。

王光和张颐同时供职于一家音像公司，他们能力相当。有一次，公司从德国进口了一套当时最先进的采编设备，比公司现用的老式采编设备要高好几个档次。但说明书是用德文写的，公司里没有人能看得懂。老板把王光叫到办公室，告诉他：“我们公司新引进了一套数字采编系统，希望你做第一个吃螃蟹的人，然后再带领大家一起吃。”王光连忙摇头说：“我觉得不太合适，一方面我对德语一窍不通，连说明书都看不懂；另一方面，我怕把设备搞出毛病来。”老板眼里流露出失望的神色。他又叫来了张颐。张颐很爽快地答应了，老板很高兴。

张颐接下任务后就马不停蹄地忙碌起来。他对德文也是一窍不通，于是就去附近一所大学的外语学院，请德语系的教授帮忙，把德文的说明书翻译成中文。在摸索新设备的过程中，他有很多不明白的地方，就在教授的帮助下，通过电子邮件，向德国厂家的技术专家请教。短短一个月下来，张颐已经能够熟练使用新的采编设备了。在他的指导下，同事们也都很快学会了使用方法。张颐因此得到了老板的赞赏。

以后，有了什么任务，老板总是第一时间找到张颐。因为他知道，张颐不会让他失望。

一个习惯于寻找借口的人，总是和悲观主义、无助感等消极因素相伴而行。“没有解决不了的问题，只有解决不了问题的人”是一种自信与勇敢的体现，这表明了一个人对自己的职责和使命的态度。

我们在工作生活当中，任务或工作完成不好的情况下，往往会找出这样或那样的借口来掩饰我们的失误、无能、懦弱和懒惰。其实，无论对于自己还是对于他人而言，真正需要的并不是借口，而是让问题到此为止！

生活的赢家，从来没有借口

“道力要靠魔力推”，人的一生是在克服困难和解决问题中不断成长的。问题是永远存在的，再美妙的借口也不能解决问题！与其把时间和精力用到寻找借口上，不如仔细琢磨采用什么方法解决问题。

面对种种不如意，我们总是有意无意在为自己找借口。于是，由此衍生了两类人：一类喜欢以“如果”作为口头禅的开头，“如果当初我不这样就好了”“如果当初我那样做就好了”“如果我有这样一个上司就好了”。这类人总是为自己的各种拖延行为寻找借口；一类喜欢以“如何”作为自己的标签：“如何克服工作中的困难”“如何提升自己的工作能力”“如何把事情干得更漂亮”，这类人总是为自己在积极行动。

美国一个成功的推销员在回答如何训练推销员时说道：“我教他们做一个只想‘如何’的人，而不是做一个只想‘如果’的人。”

他指出了考虑“如何”和只想“如果”之间的差异：“想‘如果’的人，只是难过地追悔一个困难或一次挫折，悔恨地对自己说：‘如果我没有做这或那……如果当时的环境不一样的话……如果别人不这样不公平地对待我的话……’就这样，从一个不妥当的解释或推理转到另一个，一圈又一圈地打转，终是于事无补。不幸的是，世上有不少这样只想‘如果’的失败的人。

“考虑‘如何’的人在麻烦甚至灾难降身时，不浪费精力于追悔过去，他总是立刻找寻最佳的解决办法，因为他知道总会有办法的。他问自己：‘我如何能利用这次挫折而有所创造？我如何能从这种状况中得出些好结果来？我如何能再从头干起，重整旗鼓？’他不想‘如果’，而只考虑‘如何’。这就是我们教给推销员的成功程式。

“考虑‘如何’的人会很有效率地解决问题，因为他知道在困难中总可以找到价值。他不把时间浪费在没有助益的‘如果’上，而立刻去思量具有创造性的‘如何’。他排除有破坏力的想法，而运用有建设效果的想法。而且他永不放弃，无论如何，他也不放弃。请你相信我。”他最后说，“如果今天世界上有更多只考虑‘如何’的人，你想想看我们会做出多少事来！”

很多人在遇到问题时，不知道去多问几个“为什么”，多提几个“怎么办”，而是逃避问题，拖延工作，这样的人不可能成为生活的赢家。

遇到困难和问题，遭受失败和挫折以后，把注意力放在“如果”上面是解决不了任何问题的。每每到了这个时候，最为关键的是要想到“如何”二字，即如何摆脱困境，如何从失败中奋起，如何解决自己面临的问题。当然，每个人遇到的问题不同，回答“如何”的答案也不同。

当遇到问题和困难的时候，许多人喜欢找各种理由。但是时间绝对不会倒流，

◇ 解决问题：不找借口找方法 ◇

一流人才的核心素质是：当遇到问题和困难的时候，能够主动寻找解决方法，而不是找借口回避责任，找理由为失败辩解。

1. 运用逻辑找到解决办法

解决任何问题，都可以把问题简化分解到只剩下问题。在此过程中有四个基本步骤：定义这个问题、制订一个计划、执行这个计划、评估结果。

2. 与别人探讨

如果你的问题并不是很紧急，而你有时间召集一群有相关技术和经验的人，那么要充分利用身边的人的智慧。

3. 做调查

解决任何问题最关键的方法之一是做调查。不管遇到什么问题，做调查研究都能在解决问题中起到举足轻重的作用。

“如果”这个词也就失去了实用价值。成功者在面对问题时，想办法去解决问题，刘新就是懂得“如何”做的创业者。

十几年前，年轻的刘新开了家小饭馆。但并不顺利，半年多的时间，不仅血本无归，还欠下不少债务。刘新并没有气馁，他亲自到市场上去采购新鲜蔬菜，并考察市场行情。在长期采购的过程中，刘新发现小土豆作为东北地区的土特产，虽然块头比一般土豆小得多，可营养价值比较高。

于是，为了开发小土豆菜肴，刘新在烹制小土豆上刻苦钻研。随着“小土豆”工艺的日渐成熟，他每餐都要免费给消费者赠送一盘自家精心制作的开胃小菜——酱小土豆。

后来，很多人都喜欢吃刘新饭馆的小土豆，他的店名干脆就改成了小土豆酱菜馆。刘新又开始集中精力四处走访、大量搜集民间的小土豆烹调技术，然后加以改进，在其中添加了多种药材、酱油，拌以五花肉、香菜等进行炖制。就这样，一道颇具东北地方特色的小土豆特色菜应运而生。

一招鲜，吃遍天。小土豆特色菜问世后，受到消费者的热烈欢迎。如今，小土豆连锁店已经成为东北人最为熟悉的餐饮品牌之一。

在遇到失败和挫折的时候，“如果”的设想和借口没有用，“如何”的回答才能解决问题。只要多想想“如何”去做，而不是纠缠于“如果”式的各种借口中，克服困难，走出失败，就大有希望。

心不觉得难，事情就不难

人类对未知的事物有着一种本能的恐惧，而一个新的问题对于人们来说就是未知的。面对未知的新问题，你能够克服多少困难、多少侮辱、多少误解和多少诽谤？别人的反对意见是否让你退缩，或者只是使你更坚强，更支撑起你的决心？你可以毫不退缩地坚持到一种什么样的程度？

其实，未知、新问题带来的恐惧并不可怕，可怕的是我们因为恐惧而退缩，无法继续前行；可怕的是我们沉寂在自我暗示中，停止了前行的步伐。

当你面对一个难题的时候，你的恐惧之心占了上风，你害怕不能战胜难题，你同样害怕自信心的伤害。于是你又开始寻找借口，选择拖延，你想避开痛苦，想通过寻找借口回避问题来削弱内心的恐惧。如果你认为这样真的有用，那就是自欺欺人。恐惧只会带来更多的恐惧，而当你坚定自己的内心，勇敢面对，就会发现恐惧并没有我们想象的那么可怕、难以克服。

麦克·英泰尔是一个平凡的上班族，但他从小就是一个懦弱的人：从小他就怕保姆、怕邮差、怕鸟、怕猫、怕蛇、怕蝙蝠、怕黑暗、怕大海、怕城市、怕荒野，怕热闹又怕孤独、怕失败又怕成功、怕精神崩溃……他无所不怕。

37岁那年他做了一个疯狂的决定，只带了干净的内衣裤，由阳光明媚的加州，靠搭便车与陌生人的仁慈，横越美国。

他的目的地是美国东海岸北卡罗来纳州的恐怖角。

四千多英里的路途中，他没有接受过任何金钱的馈赠，在雷雨交加中睡在潮湿的睡袋里；也有几个像公路分尸案杀手或抢匪的家伙使他心惊胆战；在游民之家靠打工换取住宿；住过几个陌生的家庭；碰到过患有精神疾病的好心人。

最后，恐怖角到了，但恐怖角并不恐怖。原来“恐怖角”这个名称，是由一位16世纪的探险家取的，本来叫“Cape Faire”，被讹写为“Cape Fear”。只是一个失误。

当你对严峻的现实感到束手无策时，如果屈服于内心的“纸老虎”，只会更加恐惧。事实上，任何问题都没有我们想象的那么可怕。只要能克服内心的恐惧，和麦克·英泰尔一样，勇敢而执着坚持，就会发现困难并没有想象中的那么可怕。

无论有多么棘手的问题挡在你前进的道路上，你都不应感到畏惧，而应该用积极的心态去迎接它，然后运用智慧寻找解决之道。

20世纪50年代初，美国某军事科研部门着手研制一种高频放大管，发明家贝利负责的研制小组承担了这一困难重重的任务。上级主管部门在给贝利小组布置这一任务时，鉴于以往的研制情况，同时下达了一个指示：不要查阅有关书籍。

经过贝利小组的共同努力，终于制成了一种高达1000个计算单位的高频放大管。在完成任务以后，研制小组的科技人员都想弄明白，为什么上级要下达不准查书的指示？

于是他们查阅了有关书籍，结果让他们大吃一惊，原来书上明明白白地写着：如果采用玻璃管，高频放大的极限频率是25个计算单位。“25”与“1000”，这个差距太大了！

后来，贝利对此发表感想说：“如果我们当时查了书，一定会对研制这样的高频放大管产生畏惧，就会没有信心和勇气去研制了。”

正是因为上级主管部门的英明决定，贝利小组才能勇敢迎战困难。在工作中，我们可能也会遇到这种情况：某一问题就像山一样摆在面前，要克服它，似乎完全不可能。于是，一种说不出的恐惧不招自来。

在面对难题的时候，许多人因为畏惧问题，所以开始寻找畏惧的理由，不断说服自己问题是多么巨大，情况是多么艰难，从而不可能找到解决问题的良方，这样我们的畏惧就会变得正常而合理。

其实，对于恐惧，若你能控制它们、驱除它们，它们就会自动离开你的内心；反之，你越觉得它们真实，越是对其心存畏惧，它们越会肆无忌惮地吞噬你。面对问题也是如此，你越畏惧问题，那你就越容易被问题击倒；相反，你迎向这些问题，你就有可能解决它。

其实，生活和工作就是一个战场，在这个没有硝烟的战场上，我们会遇到无数困难。“我该怎么办呢？”出现这种想法是很正常的，暂时的情绪低落未必是件坏事，但一味地采取消极的态度拖延以对，暗示自己“我不行”，困难就会越来越大。如果相信自己可以，开动脑筋，用行动来解决问题，最后一定能战胜困难，打败“纸老虎”。

◇ 战胜困难要先从心理上战胜自己 ◇

1. 对手不是别人而是自己

战胜困难要比打败自己相对容易，自己才是自己最大的对手。战胜自己靠的是信心，只有挑战自我，永不言败者才是人生最大的赢家。

2. 肯定自己，从心理上不认输

别人认为你是哪种人并不重要，重要的是你是否相信自己；别人如何打败你并不是重点，重点是你是否在别人打败你之前，就先输给了自己。很多人失败，通常是输给自己，而不是输给别人。

负责的人，不需要借口

很多人都有这样的倾向：对于遇到的问题，首先是寻找一些逃脱的理由；一旦有解决不了的问题，总是把希望放在别人的身上，借此期望获得别人的帮助。其实，有这种心理很正常，但是也很可怕。

作为一个负责的人，我们遇到问题的时候，首先应“自力更生”，先看看自己可以做什么，能做什么。

当问题出现的时候，忙着找这个或者那个的原因，其实，我们忽略了：解决问题的方法往往就在自己的身上。如果能够认识自己，了解自身的能力，面前的问题自然会迎刃而解。

遇事求己，把解决问题的基点放在自己身上。在遇到困难时，能够始终坚持理想的追求，不放弃、不抛弃，始终怀揣着一颗视苦难为挑战的豁达的心。这时，即使你遭遇到的困难再多一些，在你看来，也只是量的累加，也只是成功路上小小的绊脚石。

遇事求己，也就意味着当你独自面对困难时，你选择了执着和超越自我。在这样一种精神的指导下，你也必定能够解决问题，化解困难。

有些人往往认为自己是没有能力的，他们面对问题的时候，不是抱怨环境，就是想要依靠他人。其实，我们首先要做的是考虑自己，依靠自己的力量解决问题，每个人都可以使身边的环境有所变化。

有些人在事业不如意时，常常不知追根究底，找出真正的问题所在，而是拖延以等待环境或者他人向自己期望的方向改变，即让外在的因素改变到对自己有利的方面上来，使问题得以解决。

其实，他们没有认识到问题的本质：自己就是问题的根源，自己身上就藏有问题的答案。

对于刚做旋车工的萨姆尔来说，他似乎觉得自己的一生都要消磨在旋钉子这件琐事上了。他满腹牢骚，可是又有什么办法呢？难道去找工头说：我希望得到另外一份更好的工作？可以想象到工头听到这些话时的轻蔑神情。要么，干脆就辞职不干了，另外再去找一份工作！这可是他费了九牛二虎之力才找到的一份工作啊！萨姆尔是绝对不能轻易辞掉的。

难道就没有别的办法来改变这种讨厌的工作吗？当萨姆尔想到这一点时，他立刻想出一个很聪明的方法，可以使这种单调乏味的工作变成一件很有趣味的事——他要把它变成一种游戏。他转过头来对他的同伴说：“让我们来比赛吧，荷维德。你在你的旋机上磨钉子，把外面一层粗糙的东西磨下来。然后，我再把它们旋成一定的尺寸。我们比一比，看谁做得快。过一会儿如果你磨钉子磨烦了，我们再换着做。”

荷维德同意了他的建议，于是，他们俩之间的比赛马上就开始了。果不其然，

◇ 从自身寻找问题的解决之道 ◇

遇到问题，在很大程度上并不是事情本身所产生的，而是由于自身的某种原因所造成的。

但是，有很多人不是及时地从自身寻找突破口，而是怨天尤人，缺乏行动力。结果是他们只能被问题淹没，有的甚至不得不离开自己的工作岗位。

如果能积极地从自身寻找原因，寻找能使自己发展的突破口，就会得到积极效果。

这样工作起来并不像以前那么使人烦闷，而且工作效率还比以前提高了。不久，工头便给他们调换了一个较好的工作。

这位聪明的年轻人萨姆尔就是后来鲍耳文火车制造厂的厂长。

你看，萨姆尔并不是咬紧他的牙齿，像受酷刑一样去从事自己所痛恨的工作，而是把工作变成了一种游戏，使自己做起来饶有趣味。

每个人，无论是工作还是生活，也许每天都要面对层出不穷的问题，而问题永远不会自动消失。最好的办法，就是认识到自己可能的不足，勇敢地面对问题，突破自己，主动去解决问题。

本该从自身找答案的时候，如果仅在外部环境上找解决方法，是很难解决问题的。在问题面前，最需要我们能够面对环境的发展变化，突破自身的思维、能力限制，及时调整自己的观点和思路，及时改变自己的生存方式，只有这样才有可能最终走向成功。

不要让“借口”毁了你

我们对于不愿意去做的事情，总选择拖延，并且总能找出千万个借口来推托。有些人总是喜欢找各种各样的理由来证明自己为什么做不到，或者把工作中出现的失误怪罪到别人身上。

其实，当你不愿意去做一件事情时，在做之前你就已经想好了借口。这样你会认为，能完成当然是好事，不能做好也能够开脱。

休斯·查姆斯在担任国家收银机公司销售经理期间，曾面临一种最为尴尬的情况，公司的销售量一直在下跌。后来，情况极为严重，销售部门不得不召集全体销售员开一次大会，在全美各地的销售员皆被召去参加这次会议。查姆斯先生主持了这次会议。他请手下最佳的几位销售员站起来，要他们说明销售量为何会下跌。这些推销员在被唤到名字后一一站起来，每个人都有一段最令人震惊的悲惨故事要向大家倾诉：商业不景气，资金缺少，人们都希望等到总统大选揭晓之后再买东西，等等。每个销售员都在列举使自己无法达到平常销售配额的种种困难情况，会场上弥漫着一股悲壮的气氛。

从旁观者的角度出发，这些销售员的理由的确是没有错的。但是，很显然，公司安排销售员这个职位，是为了解决问题，而不是听他们对困难的长篇大论的分析。如果有些事情必须由你来完成，你就没必要准备各种借口而浪费时间，除非你想离开那个岗位。

当以这样或那样的借口为自己推脱责任时，事情的结果已经被自己限定死了。在工作中需要解决问题之前，不要着急为自己寻找借口，而应千方百计克服困难。

当我们想做成事情时，一定能找到方法。

还是让我们来看看休斯·查姆斯是如何做的：

当销售员们还在阐述各种困难时，查姆斯先生说道："停止，我命令大会暂停十分钟，让我把我的皮鞋擦亮。"

然后，他命令坐在附近的一名小工友把他的擦鞋工具箱拿来，并要求这名工友把他的皮鞋擦亮。在场的销售员都惊呆了。那位小工友先擦亮他的第一只鞋子，然后又擦另一只鞋子，表现出第一流的擦鞋技巧。

皮鞋擦亮之后，查姆斯先生给了小工友钱，然后说道：

"我希望你们每个人好好看看这个小工友。他拥有在我们整个工厂及办公室内擦鞋的特权。他的前任男孩，年纪比他大得多，尽管公司每周补贴他五元薪水，而且工厂里有数千名员工，但他仍然无法从这个公司赚取足以维持他的生活的费用。

"这个小男孩不仅可以赚到相当不错的收入，既不需要公司补贴薪水，每周还可以存下一点钱来，而他和他的前任的工作环境完全相同，也在同一家工厂内，工作的对象也完全相同。

"现在我问你们一个问题，那个前任男孩拉不到更多的生意，是谁的错？是他的错还是顾客的错？"

那些推销员回答说：

"当然了，是那个男孩的错。"

"正是如此。"查姆斯说，"现在我要告诉你们，你们现在推销收银机和一年前的情况完全相同：同样的地区、同样的对象以及同样的商业条件。但是，你们的销售成绩比不上一年前。这是谁的错？是你们的错，还是顾客的错？"

推销员们异口同声地回答：

"是我们的错!"

结果，可想而知：他们成功了。

在事情开始前，不要抱怨问题，不要回避困难。任何一件事情，无论它有多么艰难，只要你认真去做，全力以赴去做，就能化难为易。与其把时间花在找借口上，不如把时间花到找方法上。

你经常说的一句话可能是"我以前从没那么做过"或"这个问题好像很复杂，很难解决"。这些话其实就是腐蚀你的慢性毒药，是慢慢吞噬你身体的响尾蛇。没错，在做事之前你可能会有一丝担忧，任何人都一样。但是优秀的人从不找借口，他们唯一花时间的是寻求方法完成事情。

不要让借口迷惑自己，从而阻挡了我们前进的道路。每当做一件事情时，就应该想到这句话：有志者事竟成。

◇ 不要让“借口”毁了自己 ◇

不拿出实际行动，处处找借口，意味着虚度光阴、无所事事。无所事事会使你感到厌倦无聊。

那些认真工作、热爱生活的人，他们没有时间议论别人，也没有时间闲着。

如果利用闲暇时间做一些自己愿意做的事情，或者充分发挥自己的思维能力，我们就永远不会厌倦工作和生活。

训练：

无处不在的借口有哪些

当一个人不愿意、不想做一些事情的时候，就会找出无数个借口。推卸责任、转嫁过失、拖延、自欺欺人的行为随时随地都在发生。这些行为也衍生出很多看似堂皇的借口，在办公室当中流行着。我们不妨盘点一下：

1.“我现在很忙，等下周吧”

这是典型的拖延型借口。如果一个人的工作进度是按时间表规划好的，那么他会在接受任务时告诉你这项工作为什么目前不能做，手边有什么事情，大概会在什么时间段来操作这个项目。现在有很多这样的员工，他们信誓旦旦，言之凿凿，把本来可以在短时间内完成的工作拖到以后。

2.“我很难和他合作”

当一名员工总是把自己工作中的不顺利归结在别人身上的时候，也许他已经意识到自己的能力不够。尤其是当另外一个人提出了比较尖锐或敏感的问题，凭自己的经验已经解决不了，又很难回避的时候，他往往会很无奈地说出这个借口。

3.“不是我不努力，是对手太强”

这句话一般出自某场战斗的败北者口中。遭遇困难时，积极地克服与应对会更加激发出一个人的潜能，不然就不会发生后来者超越前者的故事了。而不思进取最终是意志品质上的认输，对手太强的意思就是：我比人家差太多。

4.“这件事跟我没关系”

如果用“嫁祸他人以减轻自己责任”来诠释它的含义，也并不显得过分。无论在哪家公司，骄人的业绩都来自团队每一个部门、每一个人的紧密协作，而问题出现在某一个结点上也会影响全局。

5.“事先没人告诉我”

比起事不关己的彻底逃避型，喜欢用“事先没人告诉我”来推脱责任的人更容易一脸无辜地来为自己解脱。这个借口的前戏是敷衍行事，而后戏就是出现问题把矛盾指向那个事先应该告诉你的人。

6.“我们一直就是这样的”

当工作没有突破，或有人提出墨守成规的不足时，委屈的人会采用这个借口。一个缺乏创新精神的员工总是喜欢沿用传统而固定的模式，按部就班地工作。

◇ 拒绝任何借口 ◇

要想做到拒绝任何借口，养成主动工作的习惯，你可以这样去做：

每天确定一项明确的工作任务，在你的上司尚未指示之前，你就主动把它做好。

每天为自己确立一个工作小目标，用小的成就激励自己，从而顺利完成“难以完成的工作大目标”。

每天告诉别人养成主动工作习惯的意义，至少告诉一个人以上。

7.“拿多少钱，干多少事”

这个借口不是按劳取酬的概念。通常在某些人因为缺乏责任心而遭到批评时，这句话就会脱口而出。“我不是没有能力，而是因为酬劳太少我不愿意发挥全部而已。”与之矛盾的是，估量能力与酬劳不成正比的人就是说这句话的人，也许在上司眼里，你所付出的努力远远不值支付给你的薪水呢！

第七章

专注力，战胜拖延的强大力量

专心致志意味着排除情绪干扰，因此选择性注意的神经网络包含了抑制情绪的回路。也就是说，专注的人更不容易受情绪起伏的影响，泰山崩于前而面不改色，身处感情旋涡而不摇摆。可以说，专注力是战胜拖延症的强大力量。

学会控制你的思维。事实上，注意力不集中，无非是内因和外因两类，找到它们，并排除它们。

不再四处救火，你必须拥有专注力

你是否有过这样的沮丧经历，你忙于四处救火，一天忙到晚，但你的努力没有什么回报，几乎所有的事情都陷入拖延的状态。有时你是否会因为时光不断流逝，却无法迅速做完事情而生自己的气？你明白自己不应该再拖延，但你不清楚如何才能做这种改变。

实际上，这一改变需要专注。你如果注意力分，无法集中精力，是再正常不过的事。在清醒的每一刻，你忙于应付来自外界的各种干扰，这会儿你的注意力被铺天盖地的广告占据，下一秒你的注意力可能就被父母或同事的唠叨所占据。当初自己所设定的那些目标，总是那么遥不可及，而这一切都是不够专注的错。

戴尔公司董事会主席戴尔·迈克尔说过："专注，具有神奇的力量。它是一把打开成功大门的神奇之钥！它能打开财富之门，它也能打开荣誉之门，它还能打开潜能宝库的大门。在这把神奇之钥的协助下，我们已经打开了通往世界所有各种伟大发明和成功的秘密之门。"

康威尔专心于发表一篇单独演说《钻石学校》，结果使他获得了超过600万美元的报酬。

赫斯特专心于创办煽情性的报纸，赚了几百万美元。

伊斯特曼致力于生产柯达小照相机，赚了数不清的金钱，也为全球人类带来无比的乐趣。

雷格莱专心于生产及制造一包五美分的口香糖，结果赚了数以百万计的利润。

杜何帝专心于建造及经营公用事业工厂，并使自己成为一名百万富翁。

英格索致力于生产廉价手表，使全世界充满各式各样的钟表，自己也获得了大笔财富。

巴尼斯专心于销售爱迪生牌语音机，他在年轻时就宣布退休，那时他已经为自己赚了用不完的钱。

吉列致力于生产安全刮胡刀片，使全世界的男人都能把脸刮得"干干净净"，自己也成为一名百万富翁。

洛克菲勒专心于石油事业，他成为那一时代最有钱的商人。

福特专心于生产廉价小汽车，结果成为有史以来最富有及最有权势的人物。

卡内基专注于钢铁事业，积聚了庞大的财富，他的姓名被刻记在美国各地的公共图书馆里。

专注让人获得成功，也让人享受迅速完成工作的乐趣。人们能够在专注中忘却烦恼与哀愁，当一个人集中精力专注于眼前的工作时，就会减轻其工作压力，做事就不会觉得令其生厌，也不再风风火火和毛躁。对工作的专注，甚至还能使一个人更热爱公司，更加热爱自己的工作，并从工作中体会到更多的乐趣。

一个人不能专注于自己的工作，是很难把事情做好的。专注于某个目标，并全身心投入的人，往往会创造工作的奇迹。

当我们专注于一件事时，你会发现自己的思维异常活跃，能够高效率地做事，而且许多平时难以解决的难题也会变得简单。这就是专注的力量。

◇ 何为“专注” ◇

所谓“专注”，就是集中精力、全神贯注、专心致志。

一个专注的人，往往能够把自己的时间、精力和智慧凝聚到所要做的事情上，从而最大限度地发挥积极性、主动性和创造性，努力实现自己的目标。特别是在遇到诱惑、遭受挫折的时候，他们能够不为所动、勇往直前，直到最后成功。

与此相反，一个人如果心浮气躁、朝三暮四，就不可能集中自己的时间、精力和智慧，做什么事情都是虎头蛇尾、半途而废。

凯特在一家广告公司做创意文案。一次，一个著名的洗衣粉制造商委托凯特所在的公司做广告宣传，负责这个广告创意的好几个文案创意人员拿出的东西都不能令制造商满意。没办法，经理让凯特把手中的事务先搁置几天，专心把这个创意文案完成。

连着几天，凯特在办公室里对着一整袋的洗衣粉在想："这个产品在市场上已经非常畅销了，人家以前的许多广告词也非常富有创意。那么，我该怎么着手才能重新找到一个点，做出一个与众不同又令人满意的广告创意呢？"

有一天，他在苦思之余，把手中的洗衣粉袋放在办公桌上，又翻来覆去地看了几遍，突然灵光闪现，想把这袋洗衣粉打开看一看。于是，他找了一张报纸铺在桌面上，然后，撕开洗衣粉袋，倒出了一些洗衣粉，一边用手揉搓着这些粉末，一边轻轻嗅着它的味道，寻找感觉。

突然，在射进办公室的阳光照耀下，他发现了洗衣粉的粉末间遍布着一些特别微小的蓝色晶体。审视了一番后，证实的确不是自己的眼睛看花了，他便立刻起身，亲自跑到制造商那儿问这到底是什么东西。之后，他得知这些蓝色晶体是一些"活力去污因子"。因为有了它们，这一次新推出的洗衣粉才具有了超强洁白的效果。

明白了这些情况后，凯特回去便从这一点下手，绞尽脑汁，寻找最好的文字创意，后来他做出了非常成功的广告方案。广告播出后，这项产品的销量急速攀升。

爱迪生认为，高效工作的第一要素就是专注。他说："能够将你的身体和心智的能量锲而不舍地运用在同一个问题上而不感到厌倦的能力就是专注。对于大多数人来说，每天都要做许多事，而我只做一件事。如果一个人将他的时间和精力都用在一个方向、一个目标上，他就会成功。"凯特的经历充分证实了这一点。

很多人之所以习惯拖延，并不是因为他们没有才干，而是他们无法专注。专注是高效工作的"捷径"，一心一意地专注于自己的工作，是每个优秀者获取成功不可或缺的品质。

排除一切干扰，专注地投入其中

很多时候，我们并不喜欢总是拖延，因为要疲于应付外界的各种干扰，事情不知不觉中就耽搁下来了。

不拖延的奥秘就是做到专心致志、心无旁骛。心无旁骛的人在做任何事情的时候，都能不被外界影响，专心于自己的目标上，工作高效并最终获得成功。

孔子带领学生去楚国采风。他们一行从树林中走出来，看见一位驼背翁正在捕蝉。他拿着竹竿粘捕树上的蝉，就像在地上拾取东西一样自如。

“老先生捕蝉的技术真高超。”孔子恭敬地对老翁表示称赞后问，“您对捕蝉想必是有什么妙法吧？”

“方法肯定是有的，我练捕蝉五六个月后，在竿上垒放两粒粘丸而不掉下，蝉便很少逃脱；如垒三粒粘丸仍不落地，蝉十有八九会捕住；如能将五粒粘丸垒在竹竿上，捕蝉就会像在地上拾东西一样简单容易了。”

捕蝉翁说到此处，捋捋胡须，开始对孔子的学生们传授经验。他说：“捕蝉首先要先练站功和臂力。捕蝉时身体定在那里，要像竖立的树桩那样纹丝不动；竹竿从胳膊上伸出去，要像控制树枝一样不颤抖。最重要的是，注意力高度集中，只要我捕蝉，无论天大地广，万物繁多，在我心里只有蝉的翅膀。无论风吹鸟鸣，我都不被打扰。精神到了这番境界，捕起蝉来，还能不手到擒来、得心应手吗？”

驼背翁捕蝉的故事不仅给孔子及弟子们以启示，也给我们以启示：不被任何事情打扰，才能出色高效地完成事情。一个人，假如想尽快做自己的事，却被周围很多事情吸引注意力，很轻易地被打扰，这样的人做事肯定喜欢拖延。要知道，很多所谓做事迅速的人无不是克服了外界的很多打扰，能够忽视外界的影响，全身心地投入，他们往往也是各行各业的佼佼者。

著名的IBM公司在招聘员工时，通常在最后一关时，都由总裁亲自考核。

营销部经理约翰在回忆当时应聘时的情景时说：“那是我一生中最重要的一个转折点，一个人如果没有心无旁骛的精神，那么他就无法抓住成功的机会。”

那天面试时，公司总裁找出一篇文章对约翰说：“请你把这篇文章一字不漏地读一遍，最好能一刻不停地读完。”说完，总裁就走出了办公室。

约翰心想：不就读一遍文章吗？这太简单了。他深呼吸一口气，开始认真地读起来。过一会儿，一位漂亮的金发女郎款款而来：“先生，休息一会儿吧，请用茶。”她把茶杯放在桌儿上，冲着约翰微笑着。约翰好像没有听见也没有看见似的，还在不停地读。又过了一会儿，一只可爱的小猫伏在他的脚边，用舌头舔他的脚踝，他只是本能地移动了一下他的脚，丝毫没有影响阅读，他似乎也不知道有只小猫在他脚下。

那位漂亮的金发女郎又飘然而至，要他帮她抱起小猫。约翰还在大声地读，根本没有理会金发女郎的话。终于读完了，约翰松了一口气。这时总裁走了进来，问：“你注意到那位美丽的小姐和她的小猫了吗？”

“没有，先生。”

总裁又说道：“那位小姐可是我的秘书，她打扰了你几次，你都没有理她。”

约翰很认真地说：“你要我一刻不停地读完那篇文章，我只想如何集中精力去读好它，这是考试，关系到我的前途，我不能不专注于更重要的一些事。别的什么

◇ 学会做到心无旁骛 ◇

狼在抓捕猎物的时候，一旦选择了目标，就会朝着它一直专注地追下去。这种心无旁骛的精神，非常值得我们学习。那么，如何才能做到心无旁骛呢？

1. 控制自己的注意力

无论从事什么工作，你都必须专注于自己的目标。专注会将你的目标的影像投到你的意识上，并永久地留存在那里，直到这个影像成为现实。

2. 不要博而泛，要精而专

一个人如果将自己的精力分散开来，那么他注定不会成功。这近似于滴水穿石的道理。

3. 保持头脑的清醒

专注并不是莽撞、不计后果，它需要你在任何时候都保持头脑清醒，想想做完这些事的后果，避免我们在事后为自己的所作所为而后悔莫及。

事我就不太清楚了。”

总裁听了，满意地点了点头，笑，“小伙子，你表现不错，你被录取了！在你之前，已经有很多人参加考试，可没有一个人及格。”他接着说，“在纽约，像你这样有专业技能的人很多，但像你这样专注于工作的人太少了！”

果然，约翰进入公司后，靠自己的业务能力和对工作的专注热情，很快得到提升。

心无旁骛，会让我们做事情更加高效。在进行工作时，如果不断地因为外界的打扰分散注意力，就不能专注于当前正在处理的事。如果一个人不能忽视外界影响，而是一会儿被一个电话、一会儿被一个短信、一会儿被别人说的话干扰，工作效率就会大打折扣。

养成心无旁骛的习惯，你的工作会变得更有效率，你也能更加乐于工作。一方面，当你心无旁骛地工作时，你不被任何外界因素打扰和影响，你对工作的焦虑会大大减轻。因为你越是不被外界打扰，越能排除搅扰你注意力的因素，你心中的事情就越来越少，而很多时候工作上的毛躁与焦虑是因为我们心中的事情太多。另一方面，当我们心无旁骛地工作时，外界因素在我们心中就会居于次要的地位，我们会少了很多对工作环境和同事的抱怨，与同事的关系会更和谐，享受到更多的工作乐趣。

无论做什么事，心无旁骛地完成自己已锁定的目标，不被外界打扰是高效工作、做事不拖延的关键，它会让你在享受工作快乐的同时，也享受事业的成功。

聚焦你的全部力量

一个人的精力总是有限的，即使天才也是一样。如果投入精力过于分散，就会像阳光散射在纸上；只有把精力集中到一点上，才有可能使事业之纸燃烧。就像通过凸透镜把众多光束集中到一个焦点，从而引起燃烧一样，人的智慧和力量也可以在“聚焦效应”作用下形成成才所需的必要能量。

好多年前，有人要将一块木板钉在树上当搁板。贾金斯走过去管闲事，想要帮那个人一把。那人说：“你应该先把木板头子锯掉再钉上去。”于是，他找来锯子，还没锯两三下又撒手了，说要把锯子磨快些。于是他又去找锉刀。接着又发现必须先在锉刀上安一个顺手的手柄。于是，他又去灌木丛中寻找小树，可砍树又得先磨快斧头。磨快斧头需将磨石固定好，这又免不了要制作支撑磨石的木条。制作木条少不了木匠用的长凳，可这没有一套齐全的工具是不行的。于是，贾金斯到村里去找他所需要的工具，然而这一走，就再也不见他回来了。

后来人们发现，贾金斯无论学什么都是半途而废。他曾经废寝忘食地攻读法语，但要真正掌握法语，必须首先对古法语有透彻的了解，而没有对拉丁语的

◇ 聚集力量，专注地做一件事 ◇

人们的心境日益浮躁，什么都想做，却什么都不精通。我们需要反思一下，如何聚集力量专注地做好一件事。

1. 学会放弃一些东西

生命有限，时间宝贵，不能什么都要，也不能什么都想做。有舍才有得，我们必须找出一件对自己来说最重要的事情，下定决心把它做好。

2. 不要想太多

许多人做事情瞻前顾后过了头，就会导致不专心，但是今天扫不了明天的落叶，与其庸人自扰，不如先做好当下的事情。

3. 保证充足的休息

欲速则不达，事情再多也要劳逸结合。充足的休息才能保证精力充沛，从而集中注意力。精神萎靡，怎么能专心做好一件事情呢？

全面掌握和理解，要想学好古法语是绝不可能的。贾金斯进而发现，掌握拉丁语的唯一途径是学习梵文，因此便一头扎进梵文的学习中，这可就更加旷日费时了。

贾金斯从未获得过什么学位，他所受过的教育也始终没有用武之地。但他的先辈为他留下了一些家产。他拿出10万美元投资办一家煤气厂，可造煤气所需的煤炭价钱昂贵，这使他大为亏本。于是，他以9万美元的售价把煤气厂转让出去，开办起煤矿来。可这又不走运，因为采矿机械的耗资大得吓人。因此，贾金斯把在矿里拥有的股份变卖成8万美元，转入了煤矿机器制造业。从那以后，他便像一个内行的滑冰者，在有关的各种工业部门中滑进滑出，没完没了。

事实上，我们许多人也像贾金斯一样，做的事情很多，今天搞销售，明天又从事管理，后天又去搞产品开发等，结果没有一样做好。这些人之所以没有什么成就，原因就是没能在一个行业生根，没能把自己的全部能力聚焦在一个点上。

日本有句谚语叫作"滚石不生苔"。一个人如果无法把能量聚焦在一个领域中，不断地离开原来的工作转而从事新的工作，就像"滚石"一样，虽然经历了很长时间的磨炼，积累了很多东西，但无形中又把它们都损失掉了。他所积累的资历、职位、经验和人际关系网络等等，都会因为他无法聚焦能量在一点上而付诸东流。一个做事无法把所有能量聚焦在一个点上的人只能在一个台阶上打转，就算走得再久也无法登上下一个阶梯。

你也许会注意到，针尖虽然几乎细不可见，剃刀或斧头的刀刃虽然薄如纸片，然而，正是它们在披荆斩棘中起着决定性的开路先锋的作用。如果没有针尖或刀刃，那么针或刀都无法发挥作用。在生活中，能够克服艰难险阻，最后顺利到达成就巅峰的人，必是那些能够在某一行业学有所专，真正地将自己的能量聚焦在某一个点，因而有着刀刃般锐利锋芒的人。只有将光与热聚焦到一个点上，才能产生最大的力量，才能高效地工作！

争取一次就把事情做到位

有一位地毯商人，看到最美丽的地毯中央隆起了一块，便把它弄平了；但是在不远处，地毯又隆起了一块，他再把隆起的地方弄平；不一会儿，在一个新地方又再次隆起了一块；如此一而再再而三地，他试图弄平地毯；直到最后他拉起地毯的一角，看到一条蛇溜出去为止。

很多人解决问题，就像这位地毯商人一样，并非第一次就把事情解决，只是把问题从系统的一个部分推移到另一部分，或者只是完成一个大问题里的一小部分，经过一而再再而三的重复，极大地浪费了时间。

很多人都有这种思维：这次做不对，还有下次呢。可是，下次到了，又推到了下下次，如此，事情永远得不到彻底的解决。比如，工厂的某台机器坏了，负责维修的师傅只是做一下最简单的检查，只要机器能正常运转了，他们就停止对机器做一次彻底清查，只有当机器完全不能运转了，才会引起人们的警觉，这种只满足于小修小补的态度如果不转变，将会给公司和个人带来巨大的损失。正确的做法是第一次就把事情做对，不把问题留给下一次。

对于任何一件工作，要么干脆不做，要么一次性解决，第一次就把事情做对。一步到位是一种绝对认真的做事方式。做一件事，我们如果存有下次再来或会有别人解决的想法，那么，我们这一次就不会全身心投入，失败的概率就很大。

李伟是一家广告公司创意部的经理，但他有一个毛病，就是做事粗糙，为此曾给自己和公司的工作带来不少麻烦，他自己也苦不堪言。

有一次，公司接到一个客户的任务。由于完成任务的时间比较紧，在第一次审核广告公司回传的样稿时，没有仔细检查。后来，在反复修改中，他自认为已经经过了好几次审核，应该没问题了。于是，就放心交出了自己手中完成的业务。没想到，在发布的广告中，他弄错了一个电话号码——服务部的电话号码被他们打错了一个数字，而他在第一次检查的时候根本就没有注意。结果，就是这么一个小小的错误，给公司带来了一系列麻烦和损失。他个人也因此受到了处分和罚款。

我们平时最经常说到或听到的一句话就是："我很忙。"是的，在上面的案例中，李伟的确很忙，时间紧任务重。可是，忙了大半天忙的却是不正确的事情。这一切，只是由于李伟在第一次审稿的时候，没把错误找出来，没把事情做对。

所以，在"忙"得心力交瘁的时候，我们是否考虑过这种"忙"的必要性和有效性呢？整天忙忙碌碌，也要停下脚步检查一下，自己做的是否是有意义的，是否在做着像李伟一样，费力不讨好的工作呢？假如在第一次审核样稿的时候，李伟稍微认真一点，就不会造成如此重大的损失。由此可见，第一次没做好，不仅浪费了时间，更欠了一些本不该欠的冤枉债。

如果第一次没把事情做对，忙着改错，改错时也很容易忙出新的错误，恶性循环的死结就越缠越紧。这些错误往往不仅让自己忙，还会放大到让很多人跟着你忙，造成整个团队工作效率的低下。

所以，盲目的忙乱毫无价值，必须终止。再忙，我们也要在必要的时候停下来思考一下，用脑子使巧劲解决问题，而不是盲目地拼体力交差，第一次就把事情做好，把该做的工作做到位，这正是解决"忙症"的要诀。

"千里之堤，溃于蚁穴。"每个人第一次都发现了问题，如果没有采取行动，就会酿成不可估量的损失。再小的问题，如果不在第一次就有效地解决，它会像滚雪球一样不断加剧，直至发展到不可收拾的地步。同样，在现实工作中，失败常常

◇ 第一次就把事情做对 ◇

第一次就把事情做对，可以减少我们改正未做好的事情的时间和成本。

1. 计划

做事情之前一定要有计划。

2. 检查

做完事情一定要检查。

3. 标准

做事一定要形成和参照标准。有时候做一些事情，一定要按照标准去做，否则会适得其反。

是因为许多个第一次残留的错误积累酿成的。

我们工作的目的是为了忙着创造价值，而不是忙着制造错误或改正错误。只要在工作完成之前想一想出错后带给自己和公司的麻烦，想一想出错后造成的损失，就应该能够理解“第一次就把事情完全做对”这句话的分量。同时，在效率为上的社会，第一次就把事情做对是企业赢得竞争胜利的不二法宝，也是个人迈向成功的关键。

越简单，越高效

在许多人的印象中，做任何事情仿佛都是与复杂结缘的：他们不仅把问题看得复杂，更把解决问题的方式变得复杂，甚至钻到“牛角尖”里无法出来。

学会把问题简单化，是克服拖延的一项重要习惯。马上行动，追求简单，事情就会变得越来越容易。化繁为简，可以让你的工作变得可行，你的信心也会跟着大增。

现代社会，工作步调日趋复杂与紧凑，很多时候都将原本的简单问题复杂化了，这时，“保持简单”是最好的应对原则。

“简单”来自清楚的目标与方向，知道自己该做哪些事、不该做哪些事。工作中无所适从的时候，选择简单之法不失为聪明之举。

当年，迪士尼乐园经过三年施工，即将开放，可路径设计仍无完美方案。一次，总设计师格罗培斯驱车经过法国一个葡萄产区，一路上看到不少园主在路旁卖葡萄，少人问津，山谷前的一个葡萄园却顾客盈门。原来，那是一个无人看管的葡萄园，顾客只要向园主老太付五法郎，就可随意采摘一篮葡萄。该园主让人自由选择的方法，赢得了众多顾客的青睐。

设计师深受启发，他让人在迪士尼乐园撒下草种，不久，整座乐园的空地就被青草覆盖。在迪士尼乐园提前开放的半年里，人们将草地踩出许多小径，这些小径优雅而自然。后来，格罗培斯让人按这些踩出的路径铺设了人行道。结果，迪士尼乐园的路径设计被评为世界最佳设计。

我们在做任何事情的时候，如果感到走投无路，纷繁杂乱，不如把事情简单化，从最简单的地方入手。因为想得太复杂，就会有太多顾虑，这样反而会让我们走弯路，事情的结果也会和我们希望的相反。

“奥卡姆剃刀”就是简单思维的一个重要原则，它是由出生在英国奥卡姆的威廉提出。根据“奥卡姆剃刀”这一原则，对任何事物准确的解释通常是那种“最简单的”，而不是那种“最复杂的”，这就像电脑无法启动，我们需要先看看是不是电源没有接好，而不是将电脑主机拆开检查是否是某个硬件坏了。

◇ 如何使复杂问题简单化 ◇

在工作中，我们应该学会把复杂的事情简单化，这样在更好地解决问题的同时，又大大地提高了工作效率，何乐而不为呢？

1. 要学会透过现象看本质

牵牛要牵牛鼻子，所以当我们面对一个很复杂的问题的时候，先要看它的本质和核心在哪里。找到了本质和核心，才能有的放矢。

2. 把握客观规律

每个事物都有自己发展的规律，要学会从规律中找出方法。平时我们就要练习自己看问题的能力，要全面地而不是片面地看问题，这样到了关键时刻，就能把握住规律。

3. 进行深入思考

没有简单，就没有复杂。复杂的事情实际上是由简单的事情组成的，因此思考时要从简单处着手，一个个简单要素突破之后，复杂的问题也就解决了。

“奥卡姆剃刀”的原则看起来很通俗，但是很切合实际。现实中，我们很多人自以为掌握了丰富的知识，所以遇事往往容易往复杂处想，这样一来，我们的思路就会变得复杂。其实，很多时候，往往是简单的思路产生了绝妙的点子。

从方法论角度出发，“奥卡姆剃刀”就是舍弃一切复杂的表象，直指问题的本质。可惜，当今有不少人，往往自以为掌握了许多知识，喜欢将一件事情往复杂处想。

一家著名的日用品公司换了一条全新的包装流水线，但是之后连连接到用户的投诉，抱怨买来的香皂盒子里是空的，没有香皂。这立刻引起了这家公司的注意，并立即着手解决这个问题。一开始，公司准备在装配线一头用人工检查，但因为效率低而且不保险而被否定了。这可难住了管理者，怎么办？不久，一个由自动化、机械、机电一体化等专业的博士组成的专业小组来解决这个问题。没多久，他们在装配线的头上开发了全自动的X光透射检查线，透射检查所有的装配线尽头等待装箱的香皂盒，如果有空的就用机械臂取走。这时，同样的问题发生在另一家小公司。老板吩咐流水线上的小工务必想出对策解决问题。小工申请买了一台强力工业用的电扇，放在装配线的头上去吹每个肥皂盒，被吹走的便是没放肥皂的空盒。

同样的问题，一个花了大力气、大本钱研究了X透视装备，一个却用简单的电风扇吹走空的肥皂盒，不同的方法一样解决问题。或许有人认为小工想到的用风扇吹走空肥皂盒的方法太简单，太没有技术含量，但是，它达到了目的，解决了问题，这就足够了。

在工作中，没有人不希望最快、最有效地解决问题。但有的人能做到，有的人却做不到。这其中原因有很多，有时候正是因为我们把问题想得太复杂，所以使得解决方法无处可寻。当我们的思路开始变得复杂时，应该时刻提醒自己：该拿起奥卡姆剃刀了，去掉那些纷杂的思绪。

世界是复杂的，但也是简单的，只是我们常常被自己的习惯性思维禁锢，从而把简单的事情弄复杂了。如何将复杂的事情回归于简单，根除工作的“复杂病”，是每个人都需要思考的问题。

切忌“眉毛胡子一把抓”

“眉毛胡子一把抓”只会让我们分不清事情的轻重缓急，无法按照“何者当先”“何者宜后”的原则处理问题。而如何防止“眉毛胡子一把抓”正是我们很多人都在思考的问题。有效的时间管理可以带来美好的生活。那么，怎样做才能成为一名运筹时间的高手呢？

美国钢铁大王卡内基曾经非常忙，总觉得时间不够用，为此，他十分忧虑。后来，他找到管理大师德鲁克请教解决的办法。

德鲁克思考了一下，说："这样吧，你每天上班的前五分钟，把你想做的事情写下来，标题叫'今日主要事项'，然后按照重要性顺序排列。所谓重要性是根据你对目标的理解来定，最重要的事情放在第一位，第二重要的事放在第二位，依次排列。然后你开始做第一件事，在完成第一件事之前，不再做其他任何事情。如果有一项工作要做一整天也没关系，只要它是最重要的工作，就坚持做下去。请把这种方法作为每个工作日的习惯做法。你自己这样做之后，让你公司的员工也这样做。"

卡内基依照德鲁克先生的建议去做，每天如此，经过一段时间，他的工作安排得井井有条，而且效率极高。五年后，他成为全美的钢铁大王。于是，他为杜拉克的五分钟建议签了一张2.5万美元的支票。

德鲁克的方法告诉我们，做任何事情都要有计划，分清轻重缓急，然后全力以赴地行动，这样才能成功。

在安排计划的优先顺序时，有一种简单的"ABCD法"非常实用。所谓"ABCD法"，是根据自己的目标，将计划中最为重要的事情归于A类，这类事情如果没有完成，后果非常严重；其次的事情归于B类，它们需要你去做，但如果没有完成，后果不会太严重；把那些做了更好、不做也行的事情，做或不做的都不会有任何不好的事情归于C类；把可以交给别人去完成，或完全可以取消、做不做没有差别的事情归为D类。

经这样的分类后，处理事情时，就省去考虑应该先做什么事情的时间。只要看看计划表，就能很快地知道自己该进行哪项工作了。为了更加有效地进行工作，在A类的各项计划中，还可以再进行细分，用"A—1""A—2""A—3"等来标示其顺序。这样一来，即使在时间紧迫的情况下，你也可以很快找到自己应该着手进行的事项。

成功应用"ABCD法"的关键，是你必须严格自律，每天一定将工作清单根据上述分类法加以清楚标示，接着从A—1工作开始做起，一次只专心做一件事。

100%完成A—1事项后，再依序完成其他事项，尽快授权或外包D类事项，可以取消的话就立刻取消。

养成用"ABCD法"做计划并切实执行的好习惯，会使你每天的工作生活变得有组织、有秩序，可以帮助你完全掌控时间，掌握工作的重点与节奏。

训练：

战胜分心：提高专注力的有效方法

专注力的重要性不言而喻。提高注意力的方法有很多，以下是提升专注力的10个有效方法：

1.设定界限

事先就想清楚你将会花多长时间去完成某事。给自己设定界限就是告诫自己的大脑要专注，因为自己的时间是有限的。

2.优先去做最重要的事

为了让自己能更好地专注而设定几条规则。比如，“假如我没有写完500字，我就不会查收电邮”，这样做很有效，这是在划分待办事项的优先级别，同时还在提醒自己先做完最重要的事。

3.静音

这也许并不对所有人都适用。而有的人对声音很敏感，而且很容易被不经意间的声响干扰。解决办法就是戴上降噪耳机，让周围的一切都静音。

4.排除干扰

将你杂乱无章的办公桌清理干净。关闭浏览器，关闭各种语音通知，关闭手机。为了专注于手头的工作，你甚至可以暂时性地将网线拔掉。

5.动机

明确你办事的动机会有助于加强你的专注力，并且能让你完成任务。你要知道你为什么要去专注于某事，而且要清楚如果你不专注于此事会有什么样的后果。

你知道吗？我们对于避免痛苦的倾向要强于追求快乐。所以当你无法让自己着手去做某事的时候，想想自己因此而会体验到的痛苦将会有助于你去付诸行动。这有点像是逼迫你必须专注。

6.一次只做一件事

选定了一件要做的事后，就要专注。任何时候，你都要问自己：“在我的清单中，哪件事是最重要的？”然后选择一件事并保证：“我会在未来的三天内（或者直到完成它）专注于这件事，如果没有完成这件事的话，那么其他任何事我一件也不做。”

7.迅速进入能让你进入状态的“仪式”

拿写作来说，它对专注的要求相当高。当你给自己冲一杯咖啡，然后坐在电脑

◇ 如何提高做事情的专注力 ◇

专注力其实就是你的心理活动指向，也就是集中于某种事物的能力，你的专注力越高，工作表现就越好。要提高专注力，可以：

1. 控制自己的情绪

做一件事的时候难免会被自己头脑中奇怪的想法左右。所以，提高专注力首先要做的就是控制自己的情绪，不被自己的情绪与欲望左右。

2. 学习观察事物

像画家专注于观察事物那样来提高自己对事物的专注力，可以在规定的时间内专心致志地观察物体、人物抑或周边环境的变化，然后闭上眼睛在脑海中回忆所见。

3. 不怕干扰，修炼定力

干扰无处不在，也无法杜绝。我们要做的是修炼自己的定力，这样才能专心致志。

前，打开一个新的Word文档，此时你就进入状态了！

8.花点时间去适应

假如你感到不知所措和心烦意乱，那么最好的做法就是花点时间去自省。自省是非常重要的，这样你才能和自己交流并倾听内在的智慧。

当你独处并在有效地学习、充电、反省时，你会有所领悟，你还会学会专注。

9.深呼吸

当你开始新的一件任务时，不妨做几次深呼吸。问你自己：“我现在感觉放松吗？”如果你的回答是“不太放松”，那么先什么也不要做，然后深呼吸。

10.享受当下

享受当下。当下是我们所拥有的一切。生活只存在于当下。珍视它，祝福它，感激它，体验它。不论你在做什么，请充实地生活……

第八章

开始行动的力量

古时作战，兵家策略是“一鼓作气”，防止“再而衰，三而竭”。拖延只会消耗你的热情和斗志，拖延之后再想以疲软的心态鼓起斗志是比较困难的。

战胜拖延，最直接的做法就是立即行动。别把所有的想法都留在脑子里，别让所有的计划都变成纸上谈兵，别试图准备好一切再开始。要知道，立即行动能使你保持较高的热情和斗志，能够提高办事的效率。

重拾行动力，克服拖延症

你打算什么时候开始完成手头的项目？你在等什么，是在等待别人的帮助还是等待问题消失？明明已经有了计划，但不能付诸执行，问题仍在等着你，而那些同时起步的人已经解决了问题，开始下一步计划。

不拖延的人都是具有高效执行力的人，他们会想尽办法快速完成任务。“最理想的状态是任务在昨天完成。”对于应该快速完成的事，要在第一时间内进行处理，争取让工作早点瓜熟蒂落，让自己放心。

千万不要把昨天就能完成的工作拖延到今天，把今天就能完成的工作拖延到明天。最好不要等到别人开口，说那句“你什么时候做完那件事”时，才匆忙呈上自己的成绩。

比尔·盖茨说：“过去，只有适者能够生存；今天，只有最快处理完事务的人能够生存。”对于一名绝不拖延的行动者来说，“马上就办”是唯一的选择。

李·雷蒙德是工业史上绝顶聪明的CEO（首席执行官）之一，是洛克菲勒之后最成功的石油公司总裁——他带领埃克森·美孚石油公司继续保持着全球知名公司的美誉。

有一次，李·雷蒙德和他的一位副手到公司各部门巡视工作。到达休斯敦一个区加油站的时候，李·雷蒙德看见油价告示牌上公布的还是昨天的数字，并没有按照总部指令将每加仑油价下调五美分，他十分恼火。

李·雷蒙德立即让助理找来了加油站的主管约翰逊。远远地望见这位主管，他就指着报价牌大声说道：“先生，你大概还熟睡在昨天的梦里吧！因为我们收取的单价比我们公布的单价高出了五美分，我们的客户完全可以在休斯敦的很多场合，贬损我们的管理水平，并使我们的公司被传为笑柄。”

约翰逊意识到问题的严重性，连忙说道：“是的，我立刻去办。”

看见告示牌上的油价得到更正以后，李·雷蒙德面带微笑说：“如果我告诉你，你腰间的皮带断了，而你没有立刻去更换它或者修理它，那么，当众出丑的只有你自己。”

也许加油站的主管约翰逊认为，当天的油价只要在当天换就来得及。但是商业环境的竞争节奏正在以令人炫目的速率快速运转着，我们应该做的应该是“绝不拖延”。

以最快的反应速度开始一项工作是保持恒久竞争力不可缺少的因素，也是唯一不会过时的职场本领。在人才竞争激烈的公司里，要让自己保持稳定甚至常胜的优势，就必须奉行“绝不拖延”的工作理念。

世界上有90%的人都因拖延而一事无成。不提出任何问题，不害怕任何困难，以最快的时间，用最好的质量，马上就办，这才是最优秀的人。

让“快速行动”成为一种习惯

日本著名企业家盛田昭夫说：“我们慢，不是因为我们不快，而是因为对手更快。如果你每天落后别人半步，一年后就是一百八十三步，十年后即十万八千里。”

我们不仅需要不拖延，还需要比以别人更快的速度去行动。

曾担任过《大英百科全书》美国分册主编的沃尔特·皮特金在好莱坞工作时，一个年轻的支持者向他提出了一项大胆的建设性方案。在场的人全被吸引住了，它显然值得考虑，不过他可以从容考虑，然后与别人讨论，最后再决定如何去做。但是，当其他人还在琢磨这个方案时，皮特金突然把手伸向电话，并立即开始向华尔街拍电报，用电文热烈地陈述了这个方案。当然，拍这么长的电报费用不菲，但它转达了皮特金的信念。

出乎意料的是，1000万美元的电影投资立项就因为这段电文而拍板签约。假如他拖延行动，这项方案很可能就在他小心翼翼的漫谈中流产（至少会失去它最初的光泽），然而皮特金立刻付诸了行动。

无论是公司还是个人，没有在关键时刻及时做出决定或行动，而让事情拖延下去，都会给自身带来严重的伤害。

商机如战机，随时都可能消失，只有立即行动的人才能把握一切。拖延像一颗职场毒瘤，需要马上切除。优秀的人永远是从现在开始行动，不把任何事情拖延到下一分钟。赶快鞭策自己摆脱“等一分钟”的桎梏，以比别人更快的速度行动，才能挟制“等待下一分钟”的“第三只手”，把你从拖延的陷阱中拯救出来。

生活中，我们总对自己说，明天我要如何如何。工作中也是如此，很多员工对自己过分宽容，习惯用“今天来不及了，等明天再开始做吧”来拖延。其实明天也许永远不可能到来，每天都是今天，为什么不把起点设在今天呢？

很多时候，你若立即进入主题，会惊讶地发现，浪费在万事俱备上的时间和潜力会让你懊悔不已。而且，许多事情若立即动手去做，就会感到快乐、有趣，提高成功概率。

◇ 成功需要马上行动 ◇

无论你的规划多么详尽，创意多么奇妙，你不采取行动，就永远无法达到目的。

习惯了采用拖延的态度，什么事情都想着还有明天，结果常常到最后就会慌手慌脚，跟人抱怨说：“活真多，时间不够用了，怎么办？”真的是活多吗？事实上，所有积攒的活都是你没有立即执行的结果。

行动起来吧!当你马上去执行上司交给你的任务时，当你马上投入手中工作的时候，你就不觉得无聊了，马上行动的正能量会带给你意想不到的播种和成功。

拖延常常是少数人逃避现实、自欺欺人的表现。然而，无论你是否在拖延时间，自己的事情都必须由自己去完成。通过暂时逃避现实，从暂时的遗忘中获得片刻的轻松，不是根本的解决之道。

当然，以更快的速度行动不一定能获得最终的成功，但迟疑不决注定不能将事情做成。我们应该记住这一点。

设立明确的“完成期限”

很多人都有这样的经验：如果上级在星期一布置了工作任务，要求在星期五之前交上来，同时强调最好是尽快完成，很多人从星期二到星期四几乎很难安下心来把任务完成并主动交上，总是在星期四晚上或星期五早上的时候才匆匆把任务赶完。同时在看似无所事事的前三天里，他们的内心一直备受煎熬——每天都在告诉自己：该行动了，时间不多了！可是，他们就是无法进入状态，同时又不断谴责自己没有效率，始终被负罪感包围着。如果上级布置工作任务时要求星期三之前交上来，即使不强调最好尽快完成，那么你也会在星期三之前把任务完成。

心理学家做过这样一个实验：让一个班的小学生阅读一篇课文。实验的第一阶段，没有规定时间，让他们自由阅读，结果全班平均用了八分钟才阅读完；第二阶段，规定他们必须在五分钟内读完，结果他们用了不到五分钟的时间就读完了。

对于不需要马上完成的任务，人们往往是在最后期限即将到来时才努力完成，这就是心理学中著名的“最后通牒效应”。

心理学上的“最后通牒效应”说明最后期限的设定越提前越好。这种心理效应反映了人类心理的某种拖拉倾向，即人们在从事一些活动时，当时间宽裕的时候，总感觉能拖就拖，但不能拖的情况下——当不允许准备的时候，或者已经到了规定的时间，人们基本上也能完成任务。当给自己规定完成目标的最后期限时，我们应该尽量把最后期限往前赶，否则过于宽松的最后期限很多时候起不到提高我们工作效率的作用。

在工作中，我们应当善于为自己设定“最后期限”，任何事情如果没有时间限定，就如同开了一张空头支票。只有懂得用时间给自己施加压力，才能保证准时完成任务。

要做到不拖延，最好制订自己每日的工作时间进度表，记下事情，定下期限。否则，下面的困境就很有可能发生在你身上。

曹睿是某公司的一个部门主管，他平时工作总喜欢把“不着急，还有时间”“明天再说吧”这些话放在嘴边。这一次老板要去国外公干，并且要在一个国际性的商务会议上发表演说。曹睿负责一些资料的搜集和整理。刚接到这个任务

◇ 设立合理时间期限的要求 ◇

1.明确的目标

为模糊的目标设立期限是没有意义的。

2. 可能性

你的期限是否符合你制订的计划？就像不要在你肚子饿的时候才去市场买东西，也不要在你充满激情的时候设立期限。

3. 删除

当没有时间时，你又必须得删除某部分计划，你需要知道自己该放弃什么。

时，曹睿并没有着急。他想，搜集资料是很简单的，又不像写东西那么复杂，就一直没给自己设定完成的最后期限。

直到老板要出发的前一天，所有的主管都来送行，有人问曹睿："你负责的资料整理好了吗？"

曹睿感觉很轻松地说："不用那么着急，老板要坐好长时间的飞机，反正这段时间是空闲的，资料要等到下飞机才用，我在飞机上做就是了。"

过了一会儿，老板来了，第一件事就是问曹睿："你负责整理的资料和数据呢？"曹睿按照他的想法又跟老板说了一遍。老板听了他的回答，脸色大变："怎么会这样？我已经计划好了，利用在飞机上的时间，和同行的顾问按照这些资料研究一下这次的议题，不能白白浪费这么好的时间啊！"

听到老板的话，曹睿脸色一片惨白。

总是将"明天再说吧"挂在口头上的曹睿，由于没有设定完成目标的最后期限，栽在了一份简单的工作任务上。

任何事都必须受到时间的限制。为自己的事情设定最后期限，这会让我们行动起来以按时完成各项工作，并且激发我们自身的能动性。反之，没有时限的目标，会让人不自觉地拖延，让目标的实现之日变得遥遥无期。

如果没有时间的限定，不懂得为目标设定最后期限，那么就埋下了拖延的种子。只有善于给目标设定最后期限，懂得用时间给自己适当施加压力，才有助于自己以最快的速度行动起来。

想到就做，穿上"行动鞋"

如果只是沉浸在不切实际的幻想中，幻想着天上掉馅儿饼，而不是脚踏实地地付诸行动，那么事情恐怕永远都无法完成。

只有积极的行动才能解决工作中的实际问题，才能让我们的才华展现出它的价值。

雷蒙·克罗克是美国企业家，麦克唐纳快餐公司的创建人。1985年，雷蒙·克罗克被评选为美国历史上对美国社会影响最大的企业家。

1954年的一天，雷蒙·克罗克驾车去一个叫圣贝纳迪诺的地方，他看到许多人在一个简陋的快餐店排队，他也停下车排在后面。

人们买了满袋汉堡包，满足地笑着回到自己的汽车里。雷蒙·克罗克好奇地上前去看，原来是经销汉堡包和炸薯条的快餐店，生意非常红火。

雷蒙·克罗克52岁了还没有自己的事业，他一直在寻找自己事业的突破口。他知道，快节奏的生活方式就要到来，这种快餐的经营方式代表着时代的方向，大有可为。于是，他毅然决定经营快餐店。他向经营这家快餐店的麦当劳兄弟买下了汉堡包摊子和汉堡、炸薯条的专利权。

雷蒙·克罗克搞快餐业的决策遭到了家人及朋友的一致反对，他们说："你疯了，都50多岁了还去冒这个险。"

雷蒙·克罗克毫不退缩。在他看来，决定大事，应该考虑周全。一旦决定了，就要一往无前，赶快去做。行与不行，结果会说明一切，最重要的是行动。

雷蒙·克罗克马上投资筹建他的第一家麦当劳快餐店，经过几十年的发展，克罗克取得了巨大的成功。人们把他与名震一时的石油大王洛克菲勒、汽车大王福特、钢铁大王卡内基相提并论。

美国麦当劳在创办初期只是一家经营汉堡包的小店，到了1985年，在美国的50个州和世界30多个国家和地区开设了近万家分店，年营业额近100亿美元，被称为"麦当劳帝国"。它能有今天的成功，归功于创始人雷蒙·克罗克的一旦决定就赶快行动的做事准则。

世界在改变，事业的成功，常常属于那些敢于抓住时机、付出行动的人。李嘉诚在总结自己的成功经验时说："决定一件事后，就快速行动，勇往直前去做，这样才会取得成功。"

19世纪50年代，受西部淘金热的影响，年轻的美国小伙子李威·施特劳斯也按捺不住了，他放弃了自己轻松的文职工作，随着两个哥哥来到旧金山。到旧金山不久，他开办了一家百货店。

一天，一个来店里买东西的淘金工人无意中对施特劳斯说："你们的帆布包真的很适合我们，为什么不用帆布做成裤子给我们淘金工人穿呢？我想，那一定比我们现在的棉布工装裤结实耐用多了。"

淘金工人们的建议引起了施特劳斯的兴趣，他经过反复思考，决定采纳这个淘金工人的建议。他马上取出一块帆布，到裁缝店做了第一条帆布工装短裤。这种工装裤诞生以后，果然受到了众多矿工的喜爱。这种工装裤就是现在风靡全球的牛仔裤的前身。

过了些日子，一位从远方来看望施特劳斯的朋友见到工人购买工装裤的情形，向他建议道："我认为，你应该聘请一些有丰富经验的裁缝，先把这种裤子重新设计一番，再投入一些资金，并进行相应的广告宣传，然后把它推向市场。"施特劳斯经过慎重思考，又接纳了这位朋友的建议，以最快的速度将经过重新设计的工装裤推向了市场。令施特劳斯没有想到的是，这种裤子不但吸引了大批矿工的喜爱，而且受到了年轻人的青睐。

后来，他引进设备，组装生产线，开始大批量生产这种工装裤——牛仔裤，并利用各种媒体对牛仔裤进行大肆宣传，甚至还大谈特谈起"牛仔文化"，无孔不入的宣传使牛仔裤深得人心。牛仔裤的市场前景越来越光明、越来越广阔，他的公司

◇想到了就马上去做◇

机会稍纵即逝。那些有了想法还在犹豫不决的人永远只能徘徊在成功的门外，与成功失之交臂。

要想实现目标，就不能允许“拖延”的念头出现，只要想到了，就立即去做，别给自己找任何借口。

养成每天记录工作日志的习惯，及时记录工作进展和完成的情况，这样就能时刻跟紧目标，及时完成任务。

也因此而获得了蓬勃发展。

对一个人来说，机会摆在面前，能否抓住这些机会，不仅取决于他是否有敏锐的洞察力，更取决于他是否敢于付出行动。如果畏首畏尾，总是找各种借口拖延，那么成功永远都不会垂青他。

也许，一开始的时候，你会觉得坚持“马上行动”这种态度很不容易，最终你会发现这种态度成了你个人价值的一部分。当你想到后，请马上就去做，机遇不会等你太久。

别再等“下一分钟”

每个人都或多或少地有过拖延的经历。拖延的表现形式也多种多样，其轻重也有所不同。比如：琐事缠身，无法将精力集中到工作当中，只有被上司逼着才向前走，不愿意自己立即开始行动；如果有着极端的完美主义倾向，又会反复修改计划，该实施的行动被无休止的“完善”拖延，预期的期限大大延后。

时间长了，我们也会视这种恶习为平常之事，以至于漠视它的危害，放任了它的存在。然而，千里之堤毁于蚁穴。小小的耽搁常常会给我们的工作带来巨大的损失。

李响才能出众，不过他也有自己的一大缺陷：太过于瞻前顾后。有一次，他代表公司去参加一个重大会议，这是他第一次代表公司参加如此重要的会议。他要代表公司和会议各方谈判达成共识，签订协议。会议进行到了各个代表可以自由发言的阶段，李响在脑袋中前思后想：还是不要当第一个发言的人，这样太唐突，容易说错很多话，也容易紧张，我等着下一个人发言完再说吧。

第一个代表发表完意见，李响犹豫了一下，马上又有第二个人开始发言了。李响想：看看也好，多看几个人我才能说得全面。

第二个人说完，又有第三个人。李响还是没有发言的欲望，总想着，下一个人说完我再说吧。

就这样很多代表都发表了意见，李响还是拖着迟迟不表态。这时大会的主办方说：“既然这么多代表都达成了一致，那么我们就按大家的意思签订协议吧！剩下的这位代表有异议吗？”

这下李响愣了，原来自己是最后一个了，可是自己还没发表公司的意见呢！如果这么就签订协议，那么自己公司要吃亏了！这可怎么办？可是碍于面子，自己也不好意思再说了，于是就只能敷衍着“没意见，没意见”。

李响回到公司，老板听到这个结果，非常震惊和愤怒。

像李响这样的人有很多，由于拖延没有在关键时刻及时做出决定或行动，导致自己没有完成任务。这不仅丧失了机遇，更让自己陷于无行动力的低效泥潭里。

等待“下一分钟”再行动的心理是拖延的温床。不少人做事总喜欢等到所有的条件都具备了再行动，殊不知，立即行动起来也可以为自己创造有利条件。只要做起来，哪怕很小的事，哪怕只做了五分钟，也是一个好的开端，就能带动我们着手做好更多的事情。

拖延的人总想着：“唉，这件事情很烦人，还有其他的事等着做，先做其他的事情吧。”的确，立即行动有时很难，尤其在面临一件很不愉快的事情时，因为你常常有一种不知从何下手的困惑。但不能因此选择拖延作为你逃避的方式。

避免拖延的最好方法就是“现在就做”。面对空白的纸和计算机屏幕，很具有

◇ 能让你马上行动起来的三个问题 ◇

为培养实干精神，必须从观念入手，学会提出更有效的问题、得到切合实际的答案和解决方法，下面三个问题能够有效刺激你行动起来。

1. 眼下五分钟我能做些什么?

首先，它能使你头脑清晰，认识到自己能做什么，其次是可以把要做的事情分解为容易完成的一个个部分，最重要的是能够刺激你行动起来。

2. 我想实现什么样的梦想，达到什么目标?

时刻提醒自己想要取得什么成就，达到什么目标，梦想和目标能够启迪和激励你。

3. 现在不做，那会怎么样?

自问如果自己不做某件事会有什么后果，如果现在不行动，你就不会有所改变，多年后依然如此。这样想，你还会我行我素、贪图安逸，不肯行动起来改变自己的生活吗?

挑战性，开始是最困难的工作，但必须开始。接到新的工作任务，就立即切实地行动起来。诸如“再等一会儿”“明天开始做”这样的语言或者这种心理意念，一刻也不能在我们的心里存在。

马上列出自己的行动计划，从现在就开始，立即去做自己一直在拖延的工作。当自己真正开始接触工作的时候，就会发现，原本的拖延时间毫无必要，而且还可能会喜欢上自己曾经一拖再拖的事情。

歌德说得好：“只有投入，思想才能燃烧。一旦开始，完成在即。”任何时刻，当你感到拖延的恶习正悄悄地向你靠近，当你感觉到它正威胁着你的工作状态时，你需要做的是：在此刻就动起来。

从现在开始，做最重要的事

生活中有很多人，总为一些不值得的事忙个不停。表面上看来，他们总是拼命工作，从来不浪费一秒钟的时间。每天，除了把大量的时间用在本职工作上，还负责很多其他方面的事务，时间长了，自己的工作效率低下不说，身心也很疲惫。他们似乎从来就不去判断，什么事情是值得去做的，什么事情是不值得的。

做不值得做的事，会让你误以为自己在完成某些事情。你耗费了大量时间和精力，得到的可能仅仅是一丝自我安慰和虚幻的满足感。当梦醒后，你会发现该做的事一件都没有做，而自己已经疲惫不堪。不要受不重要的人和事过多的干扰，因为成功的秘诀就是凡事做到高效率完成。一流的人做一流的事，不该做或不值得做的事，千万别去做，无论感情上再怎样难以割舍，也不要虚耗自己的生命。

很多时候，我们明知道一件事不值得还去做，这时我们通常不会尽自己的全力去做。这种情况下，即使我们做了也不会有什么好的结局。事实上，马虎和敷衍大多数情况是因为我们知道自己做的事不值得。如果知道一件事不值得自己做还是不能放弃，那就是在浪费时间和资源。与其这样，不如把时间放在自己认为值得做的事情上。

做事，就要首先集中精力做最重要的事，不被琐事缠身。如果认定一件事是不重要不紧急的，我们就应该果断地暂时放弃，清醒的放弃胜过盲目的坚持。

美国著名剧作家尼尔·西蒙和惠普的第一位女总裁卡莉·费奥瑞纳，都是善于判断“不值得做的事”，从而走向事业的成功的人。

尼尔·西蒙在决定是否将一个构想写成剧本前会问自己：“如果我要写个剧本，将故事讲述得引人入胜，而且能将剧本中的角色塑造得栩栩如生，这个剧本会有多好呢？……还不错，它会是一个好剧本，但不值得花费一两年的时间。”结果也可能并不理想，而像是鸡肋，没多少味道；或者只是浪费时间的俗套之作罢了。

◇ 怎样实践“做最重要的事”的原则”◇

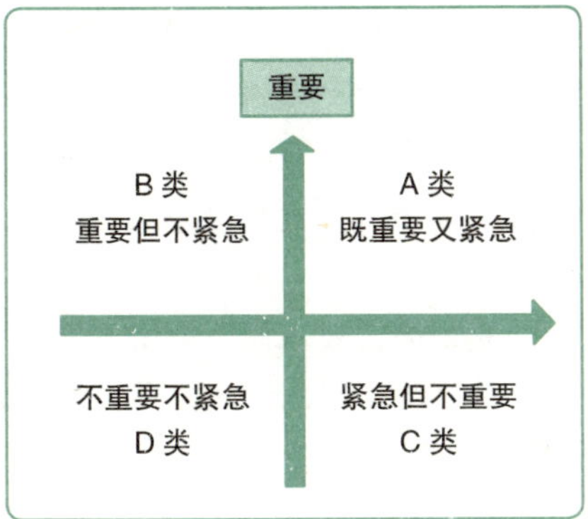

1. 学会把事情归类

我们可以把一天要做的事情全部写到一张纸上，然后按照轻重缓急分类，可以分成 A、B、C、D 四类。

2. B 类事务要给足时间

比如：学习一门外语，提升自己的人际关系和知识，提高自己的演讲能力等。

3. 勇敢向 C 类事务说“不”

比如：突然接到电话，来了临时访客，出现紧急情况等。

4. 别让 D 类事务占据你的时间

比如：读一本小说，看看报纸等。

因此，西蒙不会花费精力去写。这就是不做不值得做的事。

当还在朗讯科技公司工作时，卡莉·费奥瑞纳被《财富》杂志评为年度“美国商业界最有影响力的女性”。众多猎头公司盯上她，纷纷以种种诱人的条件，拉她去别的公司发展。她被这些诱惑搅得心烦意乱。她的人生导师——朗讯科技公司的董事长告诫她说：“你必须自己拿主意，要想清楚哪些职务邀请是你愿意考虑的。无论你的目标是什么，都不要在不符合你的目标的人身上浪费时间。”费奥瑞纳认清了自己的人生目标，没有为那些诱惑所动，最后终于成为世界最著名公司——惠普的第一位女总裁。

像尼尔·西蒙和卡莉·费奥瑞纳这样成功的人都懂得：不做不值得的事情，大胆地放弃不值得的东西。懂得运用“不值得定律”，不把时间浪费在不符合目标的人和事身上，不值得的事情不去做，只做好值得的事情，这才是克服拖延的良好习惯。

很多人给人留下了拖延的印象，并不是因为他们工作不积极，而是他们没有果断地舍弃“不值得”的事，使得自己的精力被浪费在一些自己认为没有意义的事情上。

以“当日事，当日毕”为标准

我们身边不乏这样一些人：总是在老板或领导的一次次督促下，拖上十天半月才会把工作做完；虽埋头于琐碎的日常事务，却在不经意间遗漏最重要的工作；整天忙忙碌碌，工作质量却无法令人满意；遇到问题虽然想解决，却总是没法在第一时间高效地完成任务。

“当日事，当日毕”可以很容易地解决拖延的问题，它使得“第一时间解决问题”能够深入每天的工作中。

凡是发展快且发展好的世界级公司，都是执行力强的公司，而他们奉行的是“当日事，当日毕”的态度。

比如以某著名家电品牌的售后服务来说，对于客户提出的任何要求，无论大事，还是“鸡毛蒜皮”的小事，员工都必须在客户提出的当天给予答复，与客户就工作细节协商一致。然后毫不走样地按照协商的具体要求办理，办好后必须及时反馈给客户。如果遇到客户抱怨、投诉，需在第一时间加以解决，自己不能解决的要及时汇报。正是基于这样不拖延的态度，该家电品牌的市场份额才不断扩大。

“当日事，当日毕”追求的就是效率和结果，几乎任何地方都迫切地需要那些能够做事不拖延的员工：不是等待别人安排工作，也不是把问题留到上司检查的时候再做，而是主动了解自己应该做什么，做好计划，然后全力以赴地完成。

◇ 养成“当日事，当日毕”的习惯 ◇

1. 给自己设定奖惩措施

在工作前，可以先想好给自己什么奖励。比如只要工作能一鼓作气做完，就可以完成自己的一个愿望等。随着奖励的增多，自己的拖延次数就会慢慢地减少。

2.请别人给予监督

有的时候真的很难管住自己，那么这个时候就要借助于外部的力量了，可以请朋友、亲人给予监督，这样多次之后，你就能养成“今日事今日毕”的好习惯了。

3.绝不给自己找任何拖延的理由

一定要在心里强迫自己不要相信自己的“谎话”，除了完成工作之外的其他事情都不是能够拖延的借口。慢慢地，你就能增强自身的自制力，真正做到今日事今日毕了。

今天的工作今天必须完成，因为明天还会有新的工作。今天的事情拖到明天，只会让自己更被动，感觉头绪更乱、任务更重。只要在工作中努力去做到“当日事，当日毕”，每天都坚持完成当日的工作，就会发现不仅会按时完成任务，而且心理上会感觉很轻松。

“当日事，当日毕”的目标能促使你抓紧时间，马上进入工作状态，而做到“当日事，当日毕”则是一个小小的成就，会令你在今后的每一天更有信心将当天的工作做完做好，并争取第二天做得更好，不断超越自己、追求完美，并终将有所成就。

任何一个懒惰成性、整天把工作留给明天、被上司或者同事推着走的人，走到哪里都不会受欢迎。我们应当真正以“当日事，当日毕”的标准要求自己，全力以赴地做到，并以“当日事，当日毕”敦促自己不断进步。

下面列举几条做到“当日事，当日毕”的建议：

1.如果时间允许，在行动之前要反复冷静地思考，给自己充分思考解决问题的方法和步骤的时间，保证“一次就把事情做对”，免得越忙越乱造成错误，返工改错又很容易出现新错误，让更多人跟着你忙，造成巨大的人力和物力损失。

2.一旦做好计划，就立即行动，不要等待工作的外部条件十全十美。把握住现在，外界的不利条件可以在工作的过程中被不断改变，如果不能如愿，你只需要根据实际情况调整工作计划。

3.不要浪费时间。今天应该干的工作绝不拖到明天，敦促自己在工作的过程中全力以赴、珍惜时间。

不论心情好坏，每天早上都要将思想清零，从零开始有规律地持续工作。

不要仅仅满足于做完工作，还要对自己提出在每天的工作中都要“进步一点点”的要求，并努力去达到。虽然达到自己“每天进步一点点”的要求可能要付出很多努力，但这会让你的自信心和工作能力不断增强，今后做事就能相对轻松一些。

要有远见、有计划地工作，搜集可能对将来有用的情报，一点一滴地积累，以备不时之需。

训练：

培养立即行动的习惯

不要给自己留退路，说什么“以后还有机会”“时间还比较充裕”。在制订好计划后你就没有了后路，唯一的选择就是立即行动。

立即行动的习惯，也就是立即把思想付诸行动的习惯，对完成事情来说是必不可少的。这里有七个方法能让你培养立即行动的习惯。

1. 不要等到条件都完美了才开始行动

如果你想等条件都完美了才开始行动，那很可能你永远都不会开始。因为总是会有些事情不是那么好。或是错过时机，行情不好；或是竞争太激烈。现实世界中没有完美的开始时间。你必须在问题出现的时候就行动起来，并把它们处理好。开始行动的最佳时间就是：现在。

◇ 两个方法让你养成立即行动的习惯 ◇

如果你确定，一定，以及肯定，想要成功，那么你一定要养成立即行动的习惯！这里有两个帮你养成习惯的方法：

1. 想好了就去做，不要停留在想的阶段

想法虽然重要，但是只有在实现了以后才会变得有价值。如果你有一个好想法，那么就去实现它，否则它永远也不会变为现实。

2. 建立个人奖励机制

当我们做一件事并坚持下来的时候，我们应该对个人进行奖励。适当的奖励会让我们在做事的过程中就进行自我暗示，不断坚持下去。

2. 做一个实干家

要实践，而不要只是空想。你想开始实践吗？你有没有好的创意？今天就行动起来吧。一个没被付诸行动的想法在你的脑子里停留得越久越会变弱，其细节就会变得模糊，几星期后你就会把它全忘了。在成为一个实干家的同时，你可以实现更多的想法，并在其过程中产生更多新的想法。

3. 记住，想法本身不能带来成功

想法是很重要，但是它只有在被执行后才有价值。一个被付诸行动的普通想法，要比一打被你放着“改天再说”或“等待好时机”的好想法更有价值。如果你有一个觉得真的很不错的想法，那就为它做点什么吧。如果你不行动起来，那么这个想法永远不会实现。

4. 用行动克服恐惧、担心

行动是治疗恐惧的最佳方法。万事开头难。一旦行动起来，你就会建立起自信，事情也会变得简单。通过行动克服恐惧，你会建立自信。

5. 机械地发动你的创造力

人们对创造性工作最大的误解之一就是认为只有灵感来了才能工作。如果你想等灵感给你一记耳光，那么你能工作的时间就会很少。与其等待，不如机械地发动你的创造力马达。如果你需要写点东西，那么强制自己坐下来写。落笔，灵机一动，乱涂乱画，通过移动双手来刺激思绪，激发灵感。

6. 先顾眼前

把注意力集中在你目前可以做的事情上。不要烦恼上星期理应做什么，也不要烦恼明天可能会做什么。你可以左右的时间只有现在。如果你过多思考过去或将来，那么你将一事无成。

7. 立即切入正题

如果你不避开这些让人分心的事情开始谈正事，那它们就会花掉你很多时间。一旦开始谈正事，那就会变得更有创造力。

第九章

打造强大的意志力

拖延症是人们一种心理上的借口，归根到底还是意志力的问题。如果要真正治愈拖延症，需要靠个人意志力。

意志力并不存在拥不拥有的问题，只要严于律己，就能做到。意志力并不是生来就有的，而是靠后天培养的。意志力强的人懂得如何控制自己的欲望，并适时将这种品质发挥出来。你是否也想依靠意志力克服你的拖延症呢?

为什么开始行动不能解决所有问题

在上一章中，我们提到了开始行动是战胜拖延症的重要方法，但是开始行动并不能解决所有问题，这是很多人的体验。

王波下定决心不再拖延了。今天，他不像往常那样拖延他的工作报告，而是从一早上就开始行动起来。随着工作的不断进展，他对结果的预期非常乐观，自我感觉也非常良好。工作了大概一个小时以后，同事来找他聊聊项目上的事。聊了十来分钟工作上的事之后，他们接着聊一些闲话。这是因为王波觉得自己的工作已经在掌控之中了。于是，十分钟过去了，又十分钟过去了，一直过去了将近一个小时，再看时间，已经接近中午了。

在这个情景中，王波的目标是他的报告，而且他已经迈出了关键的第一步——开始行动。事实上，前一天晚上，王波就已经有了执行的意图，准备第二天一上班就开始工作，他也确实做到了。他甚至定出了具体的行动方案："早上上班就开始写报告的第三部分。"

他开始行动后感觉很好，我们多数人也有这样的体验，我们开始一个被回避的任务时，会有一种释然感。不过，这种自我良好的感觉可能会带来行动上的陷阱：感觉良好让我们过分乐观，我们计划和思考中的一些偏差可能此时会出现。比如王波在工作一个小时后，潜意识里可能在想："嗯，今天还不错，写了这么多内容，比平时强多了。剩下的部分可以明天再做。"事实上，同事过来找他聊天的时候，他甚至有点解脱了，这似乎是暂时停止任务的绝佳借口。

由此可以看出，拖延症并不仅仅是开始行动的失败。我们在完成任务的过程中，会面临很多问题和不必要的耽搁行为，分心的事情可能会越来越多，最开始的意图可能会被另一个意图替代了，而这些能让我们找到给自己辩解的方法。

王波的任务是写工作报告，而同事找他聊天就可以看作不必要的干扰。对于我们经常用电脑工作的人来说，更常见的例子就是检查邮件和浏览网页时，因干扰分心而推迟手头的任务。"我就花几分钟时间看一下邮件"，然后数小时后，你可能发现自己还没有重新接续之前的工作。这表明，即使开始行动，也不一定能确保你不会拖延你的任务。可以看出，强大的意志力是确保你不会中途拖延的法宝。

◇ 训练强大意志力要有的三种心态 ◇

培养良好的意志力，要有哪些心态呢？

1. 要感兴趣：有兴趣才能有动力。

2. 果断：不要犹豫不决，对于需要做的决定，尽快拿定主意。

3. 有耐心：对于决定干的事情，能够坚持不懈地去完成。

我们再以生活中的实例做分析。假设你的目标是减掉二十斤体重，你打算节食，这需要意志力，而且你第一周的时候确实做到了。但是在接下来的几周，你又回到了原先的饮食习惯，体重又长回去了。为什么不能长时间地产生动力一直减肥呢？这就是意志力不够坚强的缘故。

成功的行动者与失败的拖延者，其分水岭在于意志力的强弱差异：成功者常常是意志力坚强的人，失败者常常是意志力薄弱的人。

乔布斯这个改变了全球现代通信、娱乐以及生活方式的人，以其严格的自律和强大的意志力改变了整个世界。比他聪明的人应该有不少，然而取得他这样成就的人寥寥无几，是什么原因让他如此卓越？答案之一就是他的自律和意志力。

乔布斯年轻的时候每天凌晨四点起床，九点半前把一天的工作做完。有人问：自由从何而来？他说：从自信来，而自信则是从自律来！先学会克制自己，用严格的日程表控制生活，才能在这种自律中不断磨炼出自信。

乔布斯成功的背后隐藏着一个熠熠闪光的品质，那就是意志力。没有坚强的意志力，就不可能有他所取得的成就。

训练和提升意志力，能给你提供做事不拖延的动力，帮助你克服惰性。当你开始心烦意乱的时候，注意：这是你意志力最薄弱的时刻，此时要慎做重大决定，不要让自己有接触酒、色、游戏等“毒品”的机会。

只要一个人具有善于自我克制的坚强意志力，他就能承受常人难以承受的苦难，征服常人难以征服的障碍，完成常人难以完成的事业。

直面恐惧：担心只是“纸上的柠檬”

恐惧源自人们对未知事物的本能害怕。生活中，有些人总是一副情绪低沉、郁郁寡欢的样子，常因恐惧而自怨自艾、顾影自怜，本该正常完成的事情也会导致拖延不决。其实这种自卑完全没必要，一切的担心其实都是“纸上的柠檬”，不会真的酸倒你的牙。

如果一个人总是沉迷于恐惧的阴影中，就无异于给自己套上了无形的枷锁。但是如果能够直面恐惧，懂得换个角度看待周围的世界和自己的困境，那么许多问题就会迎刃而解了。因此，我们没有理由自怨自艾，我们比别人更相信并且珍爱自己，我们才能发挥自己最大的潜力，把事情完成得比别人更好。

“老师让我报名参加那个拼写竞赛。”13岁的安琪一回到家就告诉父母。

“太好了，你已经报名了吗？”

“还没有呢。”

“为什么，宝贝？”父母奇怪地问。

◇ 如何战胜心中的恐惧 ◇

每个人的心中都藏着一个名叫“恐惧症”的魔鬼，它经常会在你不注意的时候偷袭你，让你对这个世界充满恐惧。面对这样一个魔鬼，我们如何才能战胜它呢？

1. 改变对恐惧的观念

恐惧是一个幻想中的怪物，一旦我们认识到这一点，我们的恐惧感就会消失。

2. 具有坚定的信心

坚定的信心是治疗恐惧的良药，它能够“中和”恐惧思想。

3. 行动，行动，再行动

反复行动是消除恐惧感的最佳方法。

“我有点害怕，台下可能会有许多人看着。”安琪很激动，她在家一向是个听父母话的孩子，在学校平时也不爱多说话，但是学习成绩很好。

“我想你还是先报个名吧，你可以很好地锻炼自己的。”安琪答应了父母。

过了两天，学校老师打来电话，让安琪的父母说服安琪报名参加拼写竞赛。

父母很奇怪，安琪竟然一直拖着没有报名。等安琪回到家后，父母又跟她谈了话，说：“首先，我们并不是强迫你一定要报名，这件事还是你来做决定，但是我们可以谈谈关于参加竞赛的利弊。参加竞赛可以磨炼自己的意志，锻炼自己的智力，还能增强自己的信心。比赛赢了更好，没有得名次也无关紧要，我们不在乎。因为你在我们的心目中是很有能力的孩子，这点并不需要用竞赛的名次来证明。”

父母又对她说：“老师打电话来说，他也很相信你的能力。我们对你的比赛结果都不太关心，关心的只是你是不是想用这一次机会锻炼自己。”

在父母的鼓励和催促下，最后安琪还是报名了。安琪不敢想象，如果自己站在台上面对那么多观众拼写单词会是一种什么样的感觉，这是导致她一再拖延的主要原因。好在她的父母给了自己女儿信心，促使安琪没有继续拖延下去，也使她没有失去一个很好的锻炼自己的机会。

对于失败，每个人都有不同程度的恐惧，但是当你的情绪陷入焦虑拖延症的死循环时，这种恐惧就会给你带来困扰。

对前景的过分担心，拖延症就很有可能成为你用来逃避失败的工具，虽然你自己可能还没有意识到这一点。拖延作用在真实表现和实际能力之间形成了缓冲层。当拖延顺理成章地出现，成了你信手拈来的借口，将你和害怕失败的情绪隔离开，最终就会导致焦虑拖延症的形成。

因害怕而选择逃避的人往往从不尝试，从不冒险，这样表面上看是最大程度地保护自己——比起努力尝试却因为自己的无能而失败，拖延导致的失败从心理上更容易接受一些。但是这样真的有用吗？答案显然是否定的。

人必须具备一定的反省精神

人必须具备一定的自省精神。孟子有这样一句话：“权，然后知轻重；度，然后知长短。物皆然，心为甚。”意思是说，称完才知道轻重，量完才知道长短。世间万物都是这样，而心灵更需要反复地衡量，这样才能不断地认识自己，改善自己。

宋代的朱熹说：“日省其身，有则改之，无则加勉。”其意皆在反省。反省可以“自知己短”，弥补短处，纠正过失。在古代的先贤那里，反思与自省是一种不可或缺的行为，它应时刻伴随身旁，不断地对自己的灵魂进行拷问。

有一天，原一平来到东京附近的一座寺庙推销保险。他口若悬河地向一位老和尚介绍投保的好处。老和尚一言不发，很有耐心地听他把话讲完，然后以平静的语气说："你的介绍，丝毫引不起我的投保兴趣。年轻人，先努力去改造自己吧!""改造自己？"原一平大吃一惊。"是的，你可以诚恳地请教你的投保户，请他们帮助你改造自己。我看你有慧根，倘若你按照我的话去做，他日必有所成。"

从寺庙里出来，原一平一路想着老和尚的话，若有所悟。接下来，他组织了专门针对自己的"批评会"，请同事或客户吃饭，目的是为让他们指出自己的缺点。

原一平把大家的看法一一记录下来。通过一次次的"批评会"，他把自己身上的劣根性一点点消除了。

与此同时，他总结出了含义不同的39种笑容，并一一列出各种笑容要表达的心情与意义，然后对着镜子反复练习。

他像一条成长的蚕，悄悄地蜕变。最终，他成功了，并被日本国民誉为"练出价值百万美金笑容的小个子"，且被美国著名作家奥格·曼狄诺称为"世界上最伟大的推销员"。

"我们这一代最伟大的发现是，人类可以由改变自己而改变命运。"原一平用自己的行动印证了这句话。也许你不能改变别人、改变世界，但你可以改变自己。幸福、成功，从改变自己开始。

要让结果改变，首先要改变自己；要让结果更好的话，自己必须变得更好。我们成功和进步的关键就在于：改变自己、完善自我。以下是几个建议：

1.花点时间考虑考虑你的核心价值观和人生使命

一种目标感对于成功和效力来说是必要的，而那些不清楚自己在干什么和为什么这么做的人，在面对变化时，就没有前进的基础。

2. 要坚持

成功通常和天生的不屈不挠有很大关系。当你清楚你的价值观时，当你有能力在目标的基础上发展时，坚持是唯一的可能。在变化面前，成功的人会继续前进，并找到新的创造性的方法获得肯定的结果。

3. 要灵活和富有创造性

坚持并不是说用力量来获得。如果你用一种方法不能成功时，换一种，然后再试另一种。找到更多创造性的解决方法，并有新意地处理问题。

4. 跳出框框思考

广泛阅读，不要把自己局限在擅长的领域里。试着在你的生活和经验中那些明显不同的部分里，找出联系。

5. 接受不确定性并乐观

生活本质上是不确定的，所以不要在预测未来上耗费你的能量。在所有可能的结果里，注重最有把握的一个。不是说做个"盲目乐观的人"，而是当你尽最大的努力去做时，不一定会得到很好的结果。这时，要接受它，不要过于消极。

6.看到大局势

变化是不可避免的，但是如果你鸟瞰景色，变化就不会如此迷茫，你也可以随时保持判断。

◇ 学会自省 ◇

我们处在如今的社会中，应该学会自省，毕竟是我们去适应社会而不是要社会适应我们。而要做到自省，要做到：

反省我们的做事方法：对于今天发生的事情，处理是否得当，怎样做有可能出现更好的结果？

反省我们的人际交往：我今天是否说过不当的话？是否做过损害别人的事？某人对我不友善是不是另有原因？

反省我们的工作进程：我今天做了多少事，有无进步？有无完成既定目标？有没有给自己提出更高的要求？

遭遇逆境如何坚持下去

有人一旦遇到工作上的麻烦与困难就无所适从。放弃吧？这是自己的事情；努力吧？又没有好方法。往往是左右为难，最后只好拖延以待。

那么当逆境找上门来时，我们应该怎么办？该如何做出反应？先看下面这个故事，相信你会从中得到启迪。

有一个女儿常常对父亲抱怨自己遇上的事情总是那么艰难，她不知道该如何应付生活，好像一个问题刚解决，新的问题就又出现了。在疲于应付中，她已经感到心力交瘁。

她的父亲把她带到厨房，把水倒进三口锅里，然后用大火煮开，不久锅里的水烧开了。他在第一口锅里放进了胡萝卜，第二口锅里放入鸡蛋，最后一口锅里则放入研磨成粉状的咖啡豆。他小心地将它们放进去用开水煮，但一句话也没说。

女儿见状，一直嘟嘟囔囔，很不耐烦地等着，不明白父亲到底要做什么。

大约二十分钟后，父亲把炉火关闭，把胡萝卜和鸡蛋分别放在一个碗内，然后把咖啡舀到一个杯子里。

做完这些后，他这才转过身问女儿："亲爱的，你看见什么了？"

"胡萝卜、鸡蛋和咖啡。"她回答。

他让她靠近些，要她用手摸摸胡萝卜，注意到它们变软了。接着，他又让女儿拿着鸡蛋并打破它，然后将壳剥掉，她看到了煮熟的鸡蛋。最后，父亲让她喝口咖啡，品尝到香浓的咖啡时，女儿终于笑了。她怯声问："父亲，这意味着什么？"

父亲回答说："这三样东西都是在煮沸的开水中，但它们的反应各不相同：胡萝卜入锅之前是强壮结实的，但进入开水后，它就变得柔软了；而鸡蛋本来是易碎的，只有薄薄的外壳保护着，但是一经开水煮熟，它的内部却变硬了；至于粉状咖啡豆则很特别，进入沸水后，它们改变了水，咖啡豆既可以保持一定的硬度，又可以散发出诱人的清香，熬出纯美的咖啡。"

其实，这里的胡萝卜、鸡蛋、咖啡豆，代表了一个人对于挫折和困难的三种态度。我们应该做一个"咖啡豆"型的人，需要我们在艰苦的、不利的情况下，仍能克服外部和自身的困难，坚持完成任务。当处于巨大压力或产生可能会影响个人情绪的消极氛围时，能够运用某些方式消除压力或消极情绪，避免自己的悲观情绪影响他人。

许多人之所以不成功，就因为他们做事有始无终，在开始做事时充满热忱，但因缺乏毅力，不待做完便半途而废。如果一个人经常放弃他所期待的目标，那么他就不会成为一个成功者，而只能是功亏一篑的失败者。唯有具有坚忍不拔的毅力才能战胜任何困难。

当面临逆境和挫折时，我们要像"咖啡豆"一样，保持自己的硬度，同时用自

◇ 在逆境中坚持 ◇

在遭遇逆境的时候，只有摆正心态，坦然且积极勇敢地面对，并坚持下去，才能顺利地走出困境。

1. 凡事不抱怨，只求解决

用冷静的头脑去弹性面对，在逆境中找出最佳的问题解决方案。

2. 找出不足，努力提高

遇到逆境时，应先反思问题出在哪里，找出不足，然后改进提高。

3. 坚定信念，不轻言放弃

面对逆境，正视问题，坚守初心，守护理想，不轻易停止追寻理想的脚步。

己的努力改变身处的逆境，使逆境发生质的变化。

有个青年去某大型公司应聘，但该公司并没有刊登过招聘广告。见接待的人疑惑不解，青年用不太娴熟的英语解释说自己是碰巧路过这里，就贸然进来了。接待人员感觉很新鲜，破例让他一试。面试的结果出人意料，青年表现糟糕。他的解释是事先没有准备，人力资源部门的人以为他不过是找个托词下台阶，就随口应道："等你准备好了再来试吧。"

一周后，青年再次走进这家公司的大门，这次他依然没有成功。但比起第一次，他的表现好多了。人力资源部给他的回答仍然同上次一样："等你准备好了再来试。"就这样，这个青年先后五次踏进这家公司的大门，最终被公司录用，成为公司的重点培养对象。

其实，成功者与失败者之间，最大的差异就在于意志的力量，即有没有在成功到来以前再坚持一点点的决心。若具备了坚持不懈这种可贵的品质，你就能做成任何事情。否则，不管你具有怎样的才华，不管你身处怎样的环境，不管你拥有怎样的机遇，你都不能成为一个真正成功的人。

"咖啡豆"型的人之所以受到欢迎，是因为：一方面，他们能够在困难和挫折面前保持自己的风格和理念，具有很强的坚韧性；另一方面，他们还能凭借自身的能力改变逆境。在他们身上，战胜困难的坚韧性得到了很好的体现，他们的职业能够得到和谐的发展。

当我们在逆境中不能自拔时，我们不妨想想"咖啡豆"是如何改变沸水的。让我们对挫折微笑，做一个有韧性的"咖啡豆"型的人，你会发现自己已经改变了逆境，正在迎来辉煌的事业新高峰！

时刻保持竞争意识

弱肉强食、优胜劣汰，这是自然界遵循的法则，任何动物都必须学会并适应在竞争中求生存。比如，在辽阔的草原上，每天当第一缕阳光出现时，狮子和羚羊就开始进行赛跑。狮子发誓要追上羚羊，因为追上羚羊，自己就可以美美地享受一顿丰盛的早餐。羚羊一定要跑得比狮子快，否则它就会成为狮子的腹中之物。羚羊之间同样也在进行着残酷的竞争，跑得最慢的羚羊自然就成了狮子的食物。

人类社会就是一个丛林社会，也遵循着同样的生存法则。其实"竞争"存在于人类生活的各个领域：有球类、游泳、拳击、田径、棋类等多种多样的体育比赛，有音乐、戏剧、影视、书法、绘画等文艺活动比赛，有学习竞赛、演讲比赛、劳动比赛等。

列宁在谈到竞赛对人格品质形成的作用时就强调："在相当广阔的范围内培植

进取心、毅力、大胆和首创精神。”不少人就是具备竞争意识而走向成功的。

莫纳汉依据简单有效率的制度，创立了世界上最大的比萨饼外卖公司。他拒绝出售三明治或其他任何产品，以防止店铺的经理分心，保证实现用最快时间送出最美味比萨饼的主要目标。

汤姆·莫纳汉在1986年出版的自传《比萨虎》一书中说：“我决心获胜，决心使我们公司的业绩更上一层楼并击败竞争对手。”无论是优秀的政治家，还是成功的企业家，这种态度是普遍存在的。心理学的研究证实，企业家的竞争意识一般都比较强烈。无论是在工作中还是在游戏时，他们都热衷于竞争。

汤姆·莫纳汉是一位勇于竞争的创新者，他用竞争描述他的童年生活。他说：“我玩拼图玩具最出色，打乒乓球最出色，扔石头弹子最出色。在每一项集体运动中，我都是出类拔萃的。”一些有识之士认为，企业家在工作中和游戏时的行为没有什么两样。

1989年，莫纳汉曾打算出售多米诺比萨饼公司，退休后从事慈善事业并过悠闲的生活。当无人愿意购买他的公司，他不得不重新埋头于经营企业时，他声称已“重新参加比萨饼大战”。

竞争意识是推动个体不断前进的一种精神力量。在当今生存竞争异常激烈的现代社会，一个人只有树立起强烈的竞争意识，做事不再拖延，才能主动适应社会的发展。

既然保持竞争意识如此重要，那么，我们怎样去培养这种意识呢？在培养的过程中，应当注意什么问题呢？我们不妨遵循以下两点：

1.立大志和脚踏实地的结合

如果你是一名运动员，却没有当冠军的勇气，那么，怎么能成为冠军选手？如果你是一名科技人员，却没有攻克难关的决心，怎么能取得新的成果？如果一名中学生没有远大的理想，怎么会执着于自身的学业，而孜孜不倦地勤奋学习？

目标、理想、志向是行动的指南。保持竞争意识就要给自己一个目标，然后根据目标培养自己的能力和工作作风，并为之付出实际行动。这样一种向上的精神，会为你的竞争创造条件。

2.培养自信心

人生有时近乎苛求地向我们提出一个接一个的挑战。挑战，意味着一种自强和进步。面对挑战，毫不畏缩、知难而上，必将战而胜之。勇敢的竞争者，首先是肯定自己，肯定就是力量。

竞争意识是自信心的集中体现。有勇气参加竞争，是自信的表现；在竞争中获胜，也是自信的作用。一个人如果能对自己的学习、工作和事业充满信心，就会打破自我束缚，果断地投入行动，勇于承担责任，最后取得成功。

◇ 树立正确的竞争意识 ◇

其实生活中的竞争并不一定都要分出胜负来。因此，要正确对待竞争，在竞争中保持健康的心态。

1. 对自己有实事求是的评价

根据自己的实际情况制订努力目标，既不要好高骛远，也不要妄自菲薄，有一分光，发一分热。

2. 在竞争中要能审时度势，发扬长处

一个人的兴趣和才能是多方面的，要注意发挥自己的长处，同时看到他人的优点，不要拿自己的短处去和别人的长处相比较。

3. 克服竞争中的自私心理和妒忌心理

要正确对待别人取得的成绩，特别是当自己遭遇挫折时，要保持良好的心态，认真分析，及时总结，改进方法，克服困难，迎接挑战，努力进取。

训练：

提高意志力的八个秘诀

俗话说：“意志创造人。”大脑是你在世界上取得成功的唯一源泉。在你的大脑中，储藏着取之不尽的财富。通过提高意志力，你可以获得人生的富贵，拥有生活中的各种成就。这种意志力，默默地潜藏在我们每个人的身体内。

以下是提高精神力的一些方法：

1. 积极主动

不要把意志力与自我否定相混淆，当它应用于积极向上的目标时，将会变成一种巨大的力量。

主动的意志力能让你克服惰性，把注意力集中于未来。在遇到阻力时，想象自己在克服它之后的快乐，积极投身于实现自己目标的具体实践中，你就能坚持到底。

2. 下定决心

美国罗得岛大学心理学教授詹姆斯·普罗斯把实现某种转变分为四步：

抵制——不愿意转变。

考虑——权衡转变的得失。

行动——培养意志力实现转变。

坚持——用意志力保持转变。

为了下定决心，可以为自己的目标规定期限。

3.目标明确

不要说诸如此类空洞的话：“我打算多进行一些体育锻炼”或“我计划多读一点书”。而应该具体、明确地表示——“我打算每天早晨步行45分钟”或“我计划一周中一、三、五的晚上读一个小时的书”。

4.权衡利弊

如果你因为看不到实际好处而对体育锻炼三心二意的话，光有愿望是无法使你心甘情愿地穿上跑鞋的。

5.改变自我

最根本的动力产生于改变自己形象和把握自己生活的愿望。道理有时可以使人信服，但只有在感情因素被激发起来时，自己才能真正加以响应。

汤姆每天要抽三盒烟，尽管咳嗽不止，依然听不进医生的劝告，而是我行我素，照抽不误。有一天，他突然意识到自己真是太笨了。“这不是在‘自杀’吗？为了活命，得把烟戒掉。”由于戒烟能使自己感觉更好，汤姆产生了改掉不良习惯

◇ 提高意志力的其他方法 ◇

1. 实事求是

对无法实现的目标，意志再坚强也无济于事。而且，失败的后果就是自己对自己失去信心。所以，实事求是地确定符合自身条件的目标。

2. 逐步培养

坚强的意志不是突然产生的，它是在逐渐积累的过程中一步步地形成的。中间还会不可避免地遇到挫折和失败，必须找出使自己斗志涣散的原因，才能有针对性地解决。

3. 乘胜前进

每一次成功都能使自信心增加一分，给你在攀登悬崖的艰苦征途上提供一个坚实的“立足点”。或许面对的新任务更加艰难，既然以前能成功，这一次以及今后也一定会取得胜利。

的意志力。

6. 注重精神

法国17世纪的著名将领图朗瓦以身先士卒闻名，每次打仗都站在队伍的最前面。在别人问及此事时，他直言不讳道："我的行动看上去像一个勇敢的人，然而自始至终害怕极了。我没有向胆怯屈服，而是对身体说——'老伙计，你虽然在颤抖，可得往前走啊！'"毅然地冲锋在前。

大量的事实证明，就像自己有顽强意志一样地去行动，有助于使自己成为一个具有顽强意志力的人。

7. 磨炼意志

早在1915年，心理学家博伊德·巴雷特曾经提出一套锻炼意志的方法。其中包括从椅子上起身和坐下30次，把一盒火柴全部倒出，然后一根一根地装回盒子里。他认为，这些练习可以增强意志力，以便日后面对更严重更困难的挑战。巴雷特的具体建议似乎有些过时，但他的思路给人以启发。例如，你可以事先安排星期天上午要干的事情，并下决心不办好就不吃午饭。

8. 坚持到底

如果你决心戒酒，那么不论在任何场合都不要去碰酒杯。倘若你要坚持慢跑，即使早晨醒来时天下着暴雨，也要在室内照常锻炼。

第十章

有目标的人，才不拖延

如果说生命是一场旅行，那么目标则是指引方向的灯塔。一旦心中有了明确目标，前行的过程就不会迷失方向，指引着自己不断前行。习惯拖延的人，缺少的往往是一个坚定的目标，所以才会不明方向，敷衍面对生活。

克服拖延症，就要找寻到自己的目标，这是一股神奇的力量，它能指引我们持续前行，而非浑浑噩噩地度日。

有什么样的目标，就有什么样的人生

若要建成大厦，必先绘制蓝图。拥有明确的目标将会给我们的行动计划、忙碌的方向带来指导作用，从某种意义上来说，有什么样的目标，就有什么样的人生。

一个人想要获得成功，只有明确了正确的方向，以后的努力才能加速目标的实现。方向不对，再努力、再辛苦，你也很难成功。

亚里士多德说过："明白自己一生在追求什么目标非常重要，因为那就像弓箭手瞄准箭靶，我们会更有机会得到自己想要的东西。"方向是一个人行动的指南针。有方向的人是在为美好的结果而努力，没目标的人只会在原地拖延，浪费自己的生命。任何一个优秀的人绝不会在盲目中拖延自己的人生，他们总会在行动之前就为自己设定努力的方向。

马克思说过，目标始终如一是他的性格特征。这种性格特征决定了他坚定的政治信仰，顽强执着追求，不动摇、不气馁、不妥协，为全人类留下了宝贵的精神财富。树立自己的奋斗目标并坚持始终，也应该成为我们的坚毅性格。

随着《哈利·波特》风靡全球，它的作者罗琳成了英国最富有的女人，她所拥有的财富甚至比英国女王还要多。但是人们可能并不知晓她曾经的窘迫。

罗琳从小就热爱英国文学，热爱写作和讲故事，写一部科幻类著作一直是自己的奋斗目标。大学毕业后，她只身前往葡萄牙发展，随即和当地的一位记者坠入情网，并结婚。无奈的是，这段婚姻来得快去得也快。婚后不久，罗琳便带着三个月大的女儿杰西卡回到了英国，栖身于爱丁堡一间没有暖气的小公寓里。

丈夫离她而去，工作没有了，居无定所，身无分文，再加上嗷嗷待哺的女儿，罗琳一下子变得穷困潦倒。她不得不靠救济金生活，经常是女儿吃饱了，她还饿着肚子。家庭和事业的失败，并没有打消罗琳写作的积极性，她坚持写作。有时为了省钱省电，她甚至待在咖啡馆里写上一天。

就是在这样艰苦的环境中，罗琳没有放弃，仍然以积极的心态去写作。就这样，在女儿的哭叫声中，她的第一本《哈利·波特》诞生了，并创造了出版界奇迹，她的作品被翻译成35种语言在115个国家和地区发行，在全世界引起轰动。

罗琳从来没有远离过自己的努力方向，即使她的生活艰难，她也坚信有一天，她必定会实现自己的目标。她的经历告诉我们，只有时刻牢记自己的奋斗方向，我

◇ 如何树立正确的目标 ◇

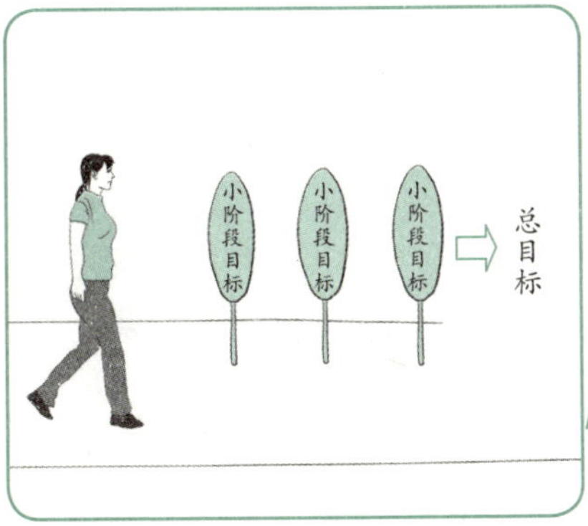

1. 树立小阶段目标和长远的目标

在确立远大的目标之前，需要做好每个阶段的目标，规划好自己每个阶段应该做的事情，然后一点一点地完成，直至完成最后的长远目标。

2. 从书中汲取知识

想要确立正确的人生目标，从书中汲取知识也是非常重要的。在选择书目的时候，要注意选择好书和值得看的书，不要什么书都看，这样可能会在我们的思想中杂糅进一些无用的东西。

3. 遇到问题或者感到茫然的时候及时求助

在确立人生目标的时候，可能会遇到很多问题，甚至有的时候感到茫然。这个时候如果自己承受不住，或者心里很压抑，就要及时求助于身边的亲人或者朋友，避免误入歧途。

们才能更容易走向成功。

在实现梦想的道路上，方向是前进路上的航标。只要我们找准行动的方向，就应该努力前行，而不是继续深陷于拖延的泥沼中。因此，在接到任务时，在遇到问题时，我们首先做的就是设法弄清楚自己的前进方向，接下来就是不折不扣地沿着方向去努力。

任何活动本身并不能保证成功，并不一定是有利的。是否成功，取决于是否朝向一个正确的方向努力。

没有目标的人不但不能发展，说不定还会在日益激烈的工作竞争中被淘汰。只有那些能朝着目标不断努力、不断学习，适应社会需要的人，才能在复杂多变的环境中长久地生存。他们不满足于自己的现状，总是有更好的追寻目标。正是这个目标让他们拥有了不懈的动力，凭借这样的动力，才能不断提升自己，全力以赴将工作做到最好，也为改变自己的命运提供了更多的机会。

别瞎忙，有一个明确的目标

美国著名出版家和作家阿尔伯特·哈伯德先生说过，如果你并不想从工作中获得什么，那么你只能在职业生涯的道路上漫无目的地漂流。

没有目标的人就如同没有罗盘在大海中航行的水手、没有指南针在荒野中徒步的探险家。心中有目标的人，眼神坚定地朝着一个方向，无论他们遇到什么挫折或阻碍，都能排除干扰，坚定前行。

比塞尔是西撒哈拉沙漠中的一颗明珠，每年有数以万计的旅游者到这儿游览参观。可是在肯·莱文发现它之前，这里还是一个封闭而落后的地方。这儿的人没有一个走出过大漠，据说不是他们不愿离开这块贫瘠的土地，而是尝试过很多次，却没有一个人走得出去。

肯·莱文当然不相信这种说法。他雇了一个比塞尔人，让他带路。他们带了半个月的水，牵了两峰骆驼，10天过去了，他们走了大约800英里（约1287.48千米）的路程。第11天的早晨，他们果然又回到了比塞尔。这一次肯·莱文终于明白了，比塞尔人之所以走不出大漠，是因为他们根本就不认识北斗星。

在一望无际的沙漠里，一个人如果凭着感觉往前走，不认识北斗星，没有一个目标就想走出沙漠，确实是不可能的。

他告诉他雇用的当地人："只要你白天休息，夜晚朝着北面那颗星走，把它当作你的目标，就能走出沙漠。"这个名叫阿古特尔的当地人照着去做了，三天后果然来到了大漠的边缘。阿古特尔因此成为比塞尔的开拓者，他的铜像今天还矗立在当地。

阿古特尔按照指导，以北面那颗星为前进方向，最终成为比塞尔的开拓者。其实，这正说明了目标的重要性。目标让我们知道要往哪里去，去追求些什么。否则就会迷失方向，如同一个人迷失在茫茫的沙漠里。

很多人没有目标意识，抱着无所谓的态度工作和生活。他们标榜努力工作，勤奋学习，但他们自己不知道个人的目标，因而他们的大部分行动是盲目的，拖延成为他们最好的生活和工作方式。

一个心中有目标的人，是一个会高效执行的人；一个心中没有目标的人，只能是个拖沓的人。一个目标的树立会使人的天赋得到充分的发挥，使心中的激情与梦想喷薄而出，推动着自己马不停蹄地向成功迈进。而缺少目标的人大多数只能漫无目的地四处游荡，做事拖沓低效，浪费了上天赋予的才华，最终一无所成。

目标是把痛苦转化为快乐的“炼金术”。没有目标的人生之路就像不知道终点的长途旅程，让人的内心充满了焦虑和煎熬，无法专注与高效地完成当下的任务。如果明确了“旅途”的终点，就可以忍受达到目标之前的那段痛苦期，在困难面前保持斗志，直到战胜它，达到一个新的高度。在目标的带动下，四处游荡的痛苦变成了朝一个方向奔跑的快乐，把迷茫变成了清晰，把压力变为了动力，把拖沓变成了高效。

在行动前就应该限定目标，SMART法则是最佳的选择。如果运用SMART法则来完成计划，科学执行的可能性就大大增加了。为制订科学合理的工作目标，我们介绍一下有关目标管理的SMART法则，SMART由五个英文字母构成。

S—Specific：目标要具体

“做一个勤奋学习的人”不是一个具体的目标。“学习更多管理知识”更具体一些，但还是不够具体。“学习更多人力资源管理知识”又具体了一些，但是还不够具体。怎样才具体，要加上第二点：M。

M—Measurable：目标要可衡量

目标要可衡量，往往需要有数字，把目标定量化。“读三本人力资源管理的经典著作”就更具体了，因为它有数字，可衡量。

A—Actionable：目标要化为行动

“做一个勤奋学习的人”不是行动，“读三本人力资源管理的经典著作”是行动。实际上，“读”还只能算是一个比较模糊的行动。怎样才算读？读了10页算不算读？匆匆翻了一遍算不算读？所以，还可以继续细化为更具体、更可衡量的行动，“读三本人力资源管理的经典著作，并就收获和体会写出三篇读书笔记”。

R—Realistic：目标要现实

如果你从来没有读过任何一本管理著作，或者从来没有写过任何一篇读书笔记，那么上面的目标对你不现实。如果你是个刚接触管理知识的基层领导，现实的目标应该是先读三篇人力资源管理的文章。

◇ 树立明确目标的意义 ◇

人生在世匆匆几十年，生命是极其有限的。我们只有树立明确的奋斗目标，才能：

1. 为行动指出正确的方向，在实现目标的过程中少走弯路。

2. 集中精力在某一领域或某一方面，才能取得较好较快的发展，突破自我，形成优势。

3. 有更积极向上的心态、求知探索的动力，才能不畏艰难险阻，永攀高峰，不畏困难挫折，奋勇前进；才能更好地激发潜能，让生命冲破时空的极限，释放出超强的能量，让自己的人生绚烂绽放。

T—Time-limited：目标要有时间限制

多长时间内读完三本书？根据你的实际情况，可以是三个月，可以是六个月。因此，加上时间限制后，这个目标最后可能变成："在未来三个月内，读三本人力资源管理的经典著作（每月一本），并就收获和体会写出三篇读书笔记（每月一篇）。"

通过SMART法则制订具体的工作计划和目标，执行就有了明确的指向。执行过程有了目标的指引，就要下定决心，不要理会前进道路上的障碍和批评，不要受不利环境的影响，不要去考虑别人怎样想、怎样说、怎样做，要专心致志、不懈努力地达成目标。在正确的方向上不断努力，最后才能收获结果。

多个目标=没有目标

一个农场主对他新来的帮手汤米说："没有一个目标就去犁地是不行的，你看，你都犁歪了，在这样弯曲的犁沟中，玉米会长得很混乱。你应该让你的眼睛盯住田地那边的某样东西，然后以它为目标，朝它前进。大门旁边的那头奶牛正好对着我们，现在把你的犁插入土地中，然后对准它，你就能犁出一条笔直的犁沟了。"

"好的，先生。"

十分钟后，当农场主回来时，他看见犁痕弯弯曲曲地遍布整片田野。

"停住！停在那儿！你是怎么回事！不是告诉你朝着一个目标吗？"农场主愤怒地问汤米。

"先生，"汤米辩解道，"我绝对是一直按照你告诉我的在做。我以奶牛为目标走去，可是门口有三头奶牛，一头在左边，一头在中间，一头在右边。所以，我只能朝着三个方向在犁地。"

故事中的傻帮手汤米让很多人发笑，而在现实生活中，我们也许不知不觉地重演了很多次这个傻帮手的笑话。伊格诺蒂乌斯·劳拉有一句名言："一次做好一件事情的人比同时涉猎多个领域的人好得多。"有太多的目标，在太多的领域内都付出努力，我们就难免分散精力，最终一事无成。

美国明尼苏达矿业制造公司（3M）的口号是："写出两个以上的目标就等于没有目标。"这句话的智慧不仅体现在公司经营中，也体现在每个人的生活里。多个目标表面上给我们带来了更多选择，给我们留下了所谓的"退路"，实际上给我们的生活造成混乱。

多个目标让我们无法集中精力。"年轻人事业失败的一个根本原因，就是他们的精力太过分散，有太多的目标，以至于一无所成。"这是戴尔·卡耐基在分析了众多个人事业失败的案例后得出的结论。多个目标看上去能带给人更多选择，实际上容易让人迷茫，不知道自己真正要的是什么。

王晓平是北京某高校的一名大四学生。对于一名大四的学生来说，出路无非有这样三条：继续研究生深造、出国留学、就业。大多数学生选择了这三条路中的一个作为目标，可是王晓平觉得这样太限制自己的发展了，自己应该什么都试试，多定几个目标，朝着每个方向都努力，有了更多的选项才能得到最优的选择。

于是王晓平早上去自习室复习考研，下午去各大招聘网站浏览信息，晚上在宿舍准备出国留学的资料和推荐信。几个月过去了，一切似乎都进展得相当顺利：他争取到了一家知名企业的实习机会，也拿到了一所不错的美国大学的offer（录取通知），只是在研究生考试中发挥得不算理想。当别人问到他到底选择哪个的时候，王晓平却愁眉苦脸地犯了难。

名企的实习很吸引他，美国大学的offer同样也充满了诱惑，同时这次研究生考试的失利让他心有不甘，很想再试一次以证明自己的实力。他陷入了纠结中，实习和申请留学的期限就要到了，他还是无法做出决定。眼看着大家都走上了各自的人生轨道，朝着各自的目标奔去，他却还是停留在原地。最终他把两个机会都错过了，别人疑惑地问他原因，他说："我以为有很多个目标能让我有更多选择，然而面对这些选择，我实在不知道自己真正要的是什么，我害怕选择了一个就会为没选择另一个而后悔。"

表面看上去王晓平是个有目标的人，而且还雄心勃勃地朝着几个目标同时努力。然而最终他陷入了生活的旋涡里，一片迷茫，不知道人生的方向。纵然他朝几个目标同时付出了很多努力，结果却同那些没有目标的人相差无几。不知道自己真正要的是什么，纵然有再多的选项，也无法做出真正适合自己的选择。

多个目标会使自己处于低效率状态。那些同时有着很多目标的人把他们的精力消耗在了对选项的比较和取舍上，迟迟做不出选择，随之而来的就是消磨原有工作的热情，做事拖沓低效。

"一个目标"可以使人培养出迅速做决定的习惯，保持工作热情，使得工作效率大大提高。当一个人养成做事只有"一个目标"的习惯后，拖沓低效就可以有效地被避免。

多个目标可能"看上去很美"，却只能让我们的精力分散，导致工作上的低效。多个目标等于没有目标，当你有多个目标时，可以按照目标的重要性对它们进行一个简单的排序，也可以按照目标实现起来的难易程度或者实现时间的长短对它们进行取舍。无论你怎样取舍，最终目的只有一个：把多个目标简化为一个目标，提高工作效率。

◇ 专注于一个目标 ◇

狼在每次进攻前，只会专注于一个目标，因为它知道，每次只专注于一个目标比同时专注于几个目标更容易成功。

人同样如此，树立的目标过多，就容易被过多的选择诱惑。它们往往让你疲于奔命，最终却一无所获。

所以，当你选择好属于自己的目标时，就应该全身心地投入这一目标中，不轻易放弃也不轻易改变方向。只有这样，你才能有所收获。

把大目标分解成小目标

现实中不乏志向高远的人，他们中的不少人却沦为了空想家。究其原因，往往不是因为难度太大，而是因为他们觉得成功离得太远。那么，那些最终达成目标、取得成功的人士是如何解决这个问题的呢？

新东方学校的创办者俞敏洪认为，人可以通过不断地给自己创造成就感来避免倦怠，保持实现目标的动力，而拥有成就感最直接的方法就是设立阶段性目标。

俞敏洪说："有些人本身没有什么能力，上来就想赚大钱，一点基础都没有就想做大事业，这肯定是不行的，也不会成功的。"

出国留学失败后，俞敏洪以养家糊口为目标。"我当时的目标很简单，就是一天赚30块钱，因为我每天上一次课，一次课当时就是30块钱。当我达到了一天赚30块钱的目标后，我就开始想更高的目标，后来我就一天上两次课，一天赚60块钱。再后来，我看到别人办培训班，一天能赚600，我就想是不是我也试试，因为我的能力似乎不比别人差，于是我也开办了自己的培训班。这就是一天一天进步的精神，这就是'蚂蚁搬泰山'的精神。如果一开始就让我创办现在规模的新东方学校，那我会被吓死的。"

分阶段实现目标是一种踏实的精神，更是一种智慧。在人生的旅途中，如果我们也具有一点像俞敏洪这样分阶段实现目标的智慧，把大目标分解成若干个小目标去分阶段实现，那么我们的一生中就会减少许多遗憾和惋惜。

阶段化就是具体化，它使得一个看似遥不可及的目标有了一步步被实现的可能。现实中也许有无数个和俞敏洪一样怀揣着创业梦想的青年，但鲜有和他一样最终取得成功的人。他们中的许多人也许有着比俞敏洪更出色的才能，或者遇到过更好的机遇，但最后他们都失败了。并不是幸运女神不够青睐他们，而是他们缺少把大的目标分阶段实行的能力。

为什么将目标阶段化对目标的实现如此重要呢？

将目标阶段化可以使人对梦想保持持续的热情。人生的道路是一场马拉松长跑而非百米冲刺，要想在终点取胜，仅仅在起点有满腔热情是不够的。暂时的冲动可能让你在比赛的初期占尽先机，但由于道路的漫长，冲动会消退，只凭三分钟热血是无法赢得比赛的。而把大的目标分解成阶段性目标，就如同把马拉松长跑分解成很多一百米赛跑，这样每一个百米终点前的冲刺都能带给人完成目标的满足感、成就感。这种满足感会让你持续地保持兴奋，将暂时的冲动转化为耐力，将漫长的痛苦转化为享受与成长，让你对梦想保持持续的热情。

将目标阶段化可以使目标更为明确具体。成功学家拿破仑·希尔曾举过这样一个例子：

同样是做房地产生意，杰克计划向银行贷款大约12000美元，而罗比则向银行贷款11939美元。

最后，银行贷款给罗比，而拒绝了杰克的贷款请求。

在银行主任看来，罗比的预算具体且考虑很周到，说明罗比办事仔细认真，成功的希望较大。

罗比是怎样做到将预算计划得如此详细呢？罗比介绍了一种将目标逐一击破的方法。利用这种方法，你可以对自己的工作进行规划：

假设你的工作计划为五年，让你的五年宏伟目标获得成功的秘诀是化整为零，每天做一点能做到的事。

◇ 分解目标最有效的方法 ◇

分解目标不是目的，而是为了更好地保证整体目标实现的手段。常见的分解目标的方法有：

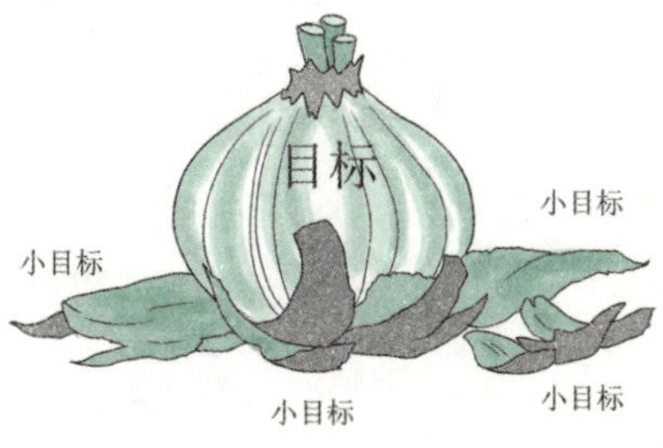

1. 剥洋葱法

像剥洋葱一样，将大目标分解成若干个小目标，再将每一个小目标分解成若干个更小的目标，一直分解下去，直到清楚自己现在该去干点什么。

2. 分叉树法

树干表示大目标，每根树枝代表小目标，叶子就是我们现在的目标，或是我们现在要去做的每件事情。一棵完整的目标分叉树，就是一套完整的达成该目标的行动计划。

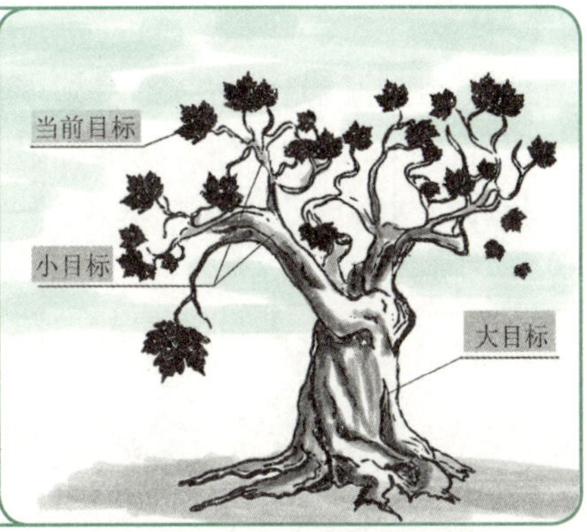

1. 将你的目标分成5份。你把5年目标分成5份，变成5个一年目标，你就可以确切地知道从现在到明年的此刻你必须完成的工作了。

2. 将每年的目标分成12份。祝贺你，你进一步有了每月的目标。如果要落实你的5年计划，你现在就更能清楚地了解从现在到下月的此时你应该完成什么了。

3. 将每月的目标分成4份。现在你可以知道下星期一早上必须着手做什么了。同时，唯有如此，你才会毫不迟疑地去做自己该做的事，然后，继续进行下一步。

4. 将每周的目标分成5～7份。用哪个数字划分，完全取决于你打算每周用几天从事这项工作。如果喜欢一周工作7天，则分成7份；如果认为5天不错，就分成5份。选择哪一种全靠你自己。但是，不论做何种选择，结果都是一成不变的，你一定要问自己："为了成功，我今天必须做什么？"

可见，"分"是一种人生大智慧，它能帮助我们明确实现目标的道路。越大的目标越是难以实现，不仅因为它所需的努力和才智更多，更因为实现它的道路更加曲折，有时甚至让人难以辨认，迷失方向。目标阶段化是最好的解决方法，将大的目标阶段化可以使人对整个过程更加清晰，明确实施过程中所需的环节，按部就班，步步为营，从而到达最终的目的。

分阶段实现目标使人更具行动力，在工作中能保持高效。外在的行动力源于内在的自信心，当我们对一个目标没有信心时，行动力疲软现象的发生就不足为奇。很多时候由于目标过大，我们的意识按照当前自己所处的位置去衡量和目标间的距离，会得出"遥不可及"的结论。通过将大目标阶段化，我们与阶段性目标间的距离缩短，我们对目标的实现信心满满，自然干劲十足，保持高效的工作状态。

给目标排排座

给目标排序，就是在把全部目标按其重要性大小排序的基础上，根据最重要的目标选出一部分方案，然后根据排第二位的目标，从选出的这部分方案中再做选择。如此按目标的重要性位次一步一步地选择，直到选择一个最合适的目标方案。

为什么有的人制订的目标科学合理，但是最终都没有实现，问题可能出在目标管理上。

在一次课上，教授在桌子上放了一个能装水的罐子，然后又从桌子下面拿出一些正好可以从罐口放进罐子里的鹅卵石。当教授把石块放完后，问他的学生："你们说，这罐子是不是满的？""是!"所有的学生异口同声地回答。

“真的吗？”教授笑着问，然后又从桌底下拿出一袋碎石子，把碎石子从罐口倒下去，摇一摇又加了一些，直至装不进了为止。他再问学生：“你们说，这罐子现在是不是满的？”这次学生们不敢回答得太快。

教授又从桌下拿出一袋沙子，慢慢地倒进罐子里，倒完后再问班上的学生：“现在你们再告诉我，这个罐子是满的呢，还是没满？”“没有满。”全班同学这下学乖了，大家很有信心地回答。

教授从桌底下拿出一大瓶水，把水倒在看起来已经被鹅卵石、小碎石、沙子填满的罐子中。当这些事都做完之后，教授严肃地问他班上的同学：“我们从上面这些事情中得到了哪些重要的启示？”

教授接着说：“我想告诉各位的最重要的信息是，如果你不先将大的‘鹅卵石’放进罐子里去，也许你以后永远都没有机会再把它们放进去了。”

一个人要做的事情千头万绪，各种不同的目标也需要自己排序。我们常常面临多目标的选择，多目标选择的难点是各个目标的相对重要性。在选择之前要确定出哪个目标第一重要，哪个目标第二重要，排出一个顺序。

“事有先后，用有缓急。”完成目标也是如此，分清目标的轻重缓急，次序处理好了，不但能够节约工作时间、提高工作效率，最重要的是能有条不紊地完成各项目标。

如何评估与修正计划

一个计划不能被修改并不意味着它的完美；相反，这意味着它缺乏可行性。很多人对关于修改计划存在误区，他们认为，修改意味着计划不够好、不完美。事实是，金无足赤，人无完人，在计划的世界里同样也如此：没有不需要被修改的计划，计划的词典里没有“完美”。而如何去修正、调整计划，恰恰直接关系到计划的最终完成。

富兰克林认为，不变的计划比没有计划更糟糕。这句话包含两层意思：首先，制订计划的过程固然重要；其次，我们必须具备调适能力，要能够随时随地修正、改进自己的计划。

在工作和生活中，修正和调整可以使计划更加完善。一方面，计划的制订和实施存在距离，在具体的实施过程中会暴露很多没有被考虑进去的问题。修正和调整可以使计划更加周密、更具可行性，它完善了计划本身，减少了计划实行中遇到的困难。另一方面，计划的实施过程中不可避免地会遇到一些突发因素，使得计划必须被调整与修改才能适应新的情况。及时的修改可以避免更大的损失，适当的修正和调整是计划得以顺利执行的不可或缺的条件。

◇ 修正计划的基本法则 ◇

1. 修正计划的达成时间

一天不行，可以改成两天，一年不行，可以改成两年。坚持到底，永不放弃，终将成功。

2. 修正计划的量

在实行计划的过程中，当发现任务过多或过少，要根据自身的实际情况，修正计划的量以改变现实，不至于浪费时间。

3. 不要放弃计划

虽然屡战屡败，仍然可以屡败屡战。对于成功者而言，根本没有失败，只是暂时还没有成功。只要不服输，失败就绝不会成定局。

修正与调整是计划实行过程中所必需的，但这种修正与调整并不是无条件的、任意的。有一句俗话说得好，“以不变应万变”。在计划的修正与调整的“万变”背后，亦有着一个“不变”的核心，那就是计划的最终目的。计划的修正和调整必须围绕这个最终目的进行。如果失去了这个不变的中心，那么再多的调整只能让计划的目的性变得模糊，让计划的实行变得混乱。一成不变固然不对，瞬息万变同样影响稳定。只有围绕着中心目的的调整与修改才能达到预期的效果，否则只会越调越乱。

如同做计划本身是一项需要磨炼的技术，怎样修改和调整计划也需要我们在实践中慢慢总结经验。通过不断地对计划进行修正与调整，我们会逐渐形成清晰的框架，在调整计划的过程中明确哪些是最重要的因素。下面就是一些修改计划中需要被考虑的因素。

1. 是否有调整的必要

虽说计划执行过程中免不了调整和修改，但一个已经成型的计划应尽量避免不必要的调整。在调整计划的过程中，审慎是必要的。一些外在因素的改变是非常频繁而迅速的，此时如果这些因素不对计划的最终结果起决定性影响，在其实施过程中起不到关键性作用，我们大可本着“抓大头舍小头”把这些因素排除在外。

2. 调整的适度性

如果确实有调整的必要，那么在调整计划的过程中，我们要注意调整的适度性。对于调整的量的掌握是很微妙的学问，就像同样用酱油和盐做菜，不同的厨师做出来的口感相差万千，可能是绝世佳肴，也可能让人难以下咽。同样，在计划的修订和调整过程中，如果调整得不到位，则起不到调整应该有的效果；调整得过了头，还不如不调整。“过犹不及”是这个过程中颠扑不破的真理。

3. 调整的频繁性

计划调整的频繁性需要对具体问题做具体分析。如果计划的主体部分并未受到影响，调整的只是一些具体的施行细节问题，那么及时调整是必要的，也能收到很好的效果。而对计划主体部分的修改则不应该太过频繁。

4. 计划的放弃

如果一个计划经过反复、多次的修正与调整之后，仍然无法按照预期的设想实行，那么我们就要考虑是否有放弃这个计划的必要。“不抛弃，不放弃”这个流行原则在计划身上并不成立。放弃一个千疮百孔的计划往往是明智之举，因为重新制订一个更科学、更有执行性的计划是解决问题的根本之道。

训练：

如何制订任务清单

好的钟表行走都十分规律，不快也不慢。有的人做事也是如此，他们做事绝不会急于求成，也不会拖延。他们做事总是有条不紊，不慌不忙，他们做事的时候有条理，有先后，有轻重，有缓急，更有效率。

有些人认为，做事有条理是一件很容易的事情，只需要每次做事时注意一下就行。其实一个人做事有条理是一种习惯，你会发现一个做事没有条理的人做所有的事情都冒冒失失，他们只凭着自己的直觉做事，脑海中总是充满了各种各样的事情，分不出先后顺序，混乱一片。

条理化是一个人做事有效率的重要前提。歌德说过：“选择时间就等于节省时间，而不合乎时宜的举动则等于乱打空气。”博恩·崔西在《简单管理》一书中也写道：“我赞美彻底和有条理的工作方式。一旦在某些事情上投下了心血，带着明确的目的去做事，就可以减少重复，这样就能够大大提高工作效率。”

没有一个有条理的工作秩序，做起事来必定像无头苍蝇一样乱撞，要高效率地工作就不可能了。试想，如果一个经理一上午要见客户，要处理资料，又要写年度报告，而他又不懂得合理安排自己的工作秩序，于是找个材料就会花半天时间，哪有效率可言。

其实避免这种没有条理的混乱状况在工作中发生的方法很简单，就是制订一份工作的任务清单。

要制订一份合适的任务清单，你应该首先试着在一张纸上毫不遗漏地写出你需要做的工作。凡是自己必须干的工作，不管它的重要性和顺序怎样，一项也不漏地逐项排列起来。然后，你要按这些工作的重要程度重新列表。重新列表时，你应该问自己：“如果我只能干此表中的一项工作，首先应该干哪一件呢？”然后再问自己：“接着该干什么呢？”用这种方式一直问到最后一项。这样自然就按着重要性顺序列出了自己的工作一览表。最后，对每项工作应该怎么做，根据以往的经验，总结出你认为最合理有效的方法。

在具体的任务清单的制订上，清单的内容一般分为三个部分：任务分类、任务安排、任务总结。

任务分类是为了向自己传达一种对待任务的态度。任务可分为四类：必须及时完成的工作；必须完成但可以稍微拖后的工作；完全没有必要完成的工作；时间允

◇ 制定任务清单要掌握的三件事 ◇

1. 去掉那些从未解决（也没什么严重后果）的事项

根据帕累托法则，清单中 20% 的任务贡献了 80% 的价值。一项任务如果长期没有得到重视，那么它很可能是没有价值的。永远先做有价值的事。

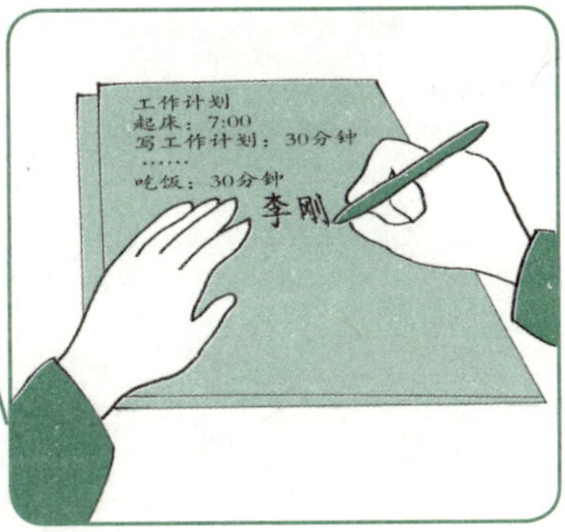

2. 标明每个任务所需的时间

对于有经验的任务，规定所需的大概时间可以提高效率；对于没有经验的任务，可依据他人经验作为时间参考值，这样能防止在一个问题上花费过多时间。

3. 定期调整

对于完成的任务不是单纯将其在当天的清单上划掉，而是进行详细记录，然后每周末或月末时进行归纳总结，这样有助于调整短期或阶段目标。

许的情况下最好能够完成的工作。这样，在填写清单的时候，你就可以根据自己的工作内容把自己的任务分门别类。

任务安排有些类似于工作日志，其主要目的就在于帮助自己明确每天的工作内容。

任务总结是指每个星期结束的时候，你根据自己的实际完成情况填写这部分内容，这样便可以检验自己的工作完成得如何。

为了使任务清单可以发挥最大的作用，使工作高效而条理化，你不仅要明确工作是什么，还要明确每年、每季度、每月、每日的工作及工作进程，并通过有条理的连续工作，保证高效的工作。

下面就是一张任务清单的样表。

时间 任务分类	星期一	星期二	星期三	星期四	星期五
必须及时完成					
必须完成但可以稍微拖后					
完全没有必要完成					
时间允许的情况下最好能够完成					
任务总结					

第十一章

时间管理，能终结拖延恶习吗

估计很多人都会深陷于这样的工作状态：计划好的事情一拖再拖，领导安排的任务不到最后一刻不着手准备，每天都疲于应对各种紧急事情……此时，他们的时间管理实际上已变得非常糟糕，这已直接影响了一个人的健康生活。

做不好时间管理，往往就容易患上拖延症，弄得你焦头烂额。在时间面前要赖，拖延症会变本加厉地折磨你，偷走你精彩的人生，只留下混沌的噩梦。

唯有学会管理时间，细化时间安排，才有可能远离拖延症的梦魇。

时间用在哪里，成就就出在哪里

凡是在事业上有所成就的人，都十分注重时间的价值。他们不会把大量的时间花费在没有价值的事情上。管理好自己的生理节奏，将有限的时间用在刀刃上，可以使我们更好地掌握自己的时间和身体，享受更轻松、更简单的工作和生活。

“你热爱生命吗？那么别浪费时间，因为时间是组成生命的材料。”

“别忘了，时间就是金钱。假设一个人一天的工资是十个先令，可是他玩了半天或躺在床上睡了半天觉，即使这期间只花了六便士，也不能认为这就是他全部的耗费。他同时还失去了他本应该得到的五个先令……千万别忘了，就金钱的本质来说，一定是可以增值的。钱能变更多的钱，并且它的下一代也会有很多的子孙。”

这两段话是美国著名的思想家本杰明·富兰克林的经典名言，它简单直接地告诉了人们这样一个道理：假如你想成功，必须认识到时间的价值。比如下面的两个管理顾问，你可以从他们身上得到启示。

一个是杰克，全公司里除了创立者之外，他是唯一不是工作狂的人。没有人知道杰克如何运用时间，也不知道他的工作时数是多少，但他的确逍遥自在。他只参加重要客户的会议，把所有精力拿来思考如何在与重要客户的交易中增加获利，然后再安排用最少的人力达成此目的。杰克的手上从未同时有三件以上的急事，通常一次只有一件，其他的则暂时摆在一旁。

另一个是詹森。他的办公室很小，里面还有其他很多同事，是一个非常拥挤且嘈杂的办公室，有人打电话，有人正准备向客户做报告，屋子里到处是声音。

但詹森好比一片平静的绿洲，把注意力全部集中在分内的事上，他在运筹帷幄。有时他会带几位同事到安静的房间内，向他们解释他对每一个人的要求，不只是讲一两遍，而是再三说明，务求交代所有细节。然后，他会要求同事重述一遍他们即将进行的工作。詹森的动作慢，看似毫无生气，但他是非常棒的领导者。他把所有时间都拿来思索哪件工作最具价值，谁是最合适的执行者。然后，紧盯着事情的进度。

重视时间的价值，这是一般成功者都具有的通行证。当然，有时一个待人做事简捷迅速、斩钉截铁的人，也容易引起别人的一些不满，但他们绝对不会把这些不满放在心上。为了在事业上有所成就，为了恪守自己的规矩和原则，他们不得不减少与那些和他们的事业没什么关系的人来往。

处在知识日新月异的信息时代，人们常因繁重的工作而紧张忙碌。如果想提高自己的工作效率，让自己忙出效率和业绩，就必须培养自己重视时间价值的习惯。

恰当而合理的时间预算

哈伯德先生在自己的著作中指出，善于为时间立预算、做规划，是管理时间的重要战略，是时间运筹的第一步。你应以明确的目标为轴心，对自己的一生做出规划，并排出完成目标的期限。

时间是流动的，它从来不会为了某个人停下自己匆忙的脚步。因此，善于利用时间，做好时间预算，就成为衡量管理者工作水平高低的一把重要标尺。

首先，我们要知道何为时间预算。时间预算是研究社会群体和个人在特定周期内，用于不同目的的各种活动时间分配的一种方法。其内容包括：

何人（或社会群体）从事何种活动（如吃饭、睡觉、工作、娱乐等）。

何时从事该项活动。

从事该项活动时间的长短。

在一定时间周期内（如一天、一周、一个月）从事该项活动的频率和用于不同目的的时间分配。

从事该项活动的时间顺序。

在何处与何人从事该项活动。

时间预算首先要通过定量分析来揭示在一定时间总量中所从事的活动种类及各种活动的连贯性、协同性、普遍性和周期性，同时从质的方面反映个人或社会群体活动的内容、性质和特点。时间预算被广泛应用到城市规划、市政管理、生活方式、企业经营、工程建设等各个方面。进行时间预算多采用问卷法、访问法、观察法、日记法以及历史比较法和国际比较法来搜集数据，并借助指标体系进行测定。

在平时的工作中，我们可以记工作日志，或将完成每件事花的时间记录下来。有的人工作起来似乎一天到晚都很忙，并且常常加班。避免加班的关键在于行程表的拟订。拟订周期行程表是件非常重要的事。尝试拟订行程表，能让自己的工作行程、同事的活动、上司的预定计划、公司的整体动向等事情一目了然。由于自己的工作并非完全孤立，所以必须将它定位在所属部门的目标、公司整体的目标以至外界环境的变动上，才能保证计划的合理性。只要尝试拟订行程表，原本凌乱不堪的各种预定计划就会显得条理井然。

如果能够拟订行程表，设定进修时间、休闲时间、与家人沟通的时间，自己和

◇ 合理规划自己的时间 ◇

时间就是金钱，尤其是在这个快节奏的时代，时间就显得极为宝贵，只是很多人都没有意识到，最后才追悔莫及。所以，要学会合理规划自己的时间。

1. 把每天、每个星期的所有活动和应酬计划做出记录。

就像金钱一样，很多时候我们不知道自己的金钱是如何流逝的。我们记录下点滴，所有的去向都一清二楚。

2. 用更多的时间做详细的计划。

磨刀不误砍柴工，我们把一切都规划好，这样才不至于盲目，不会像没头苍蝇似的到处乱撞，才能避免时间被过多地浪费。

3. 每天的第一件工作就是计划当天的工作。

一天最重要的就是做好当天的计划。认认真真做好每一件工作，不要拖沓。

家人都将因此取得默契，步调一致。此外，通过与家人的沟通，你不但可以减轻日常生活的紧张压力，而且能够涌现新的活力。需要注意的是，先忧后乐是时间计划的基本原则。

把这种个人时间管理模式推荐给家人，可有效避免和家人发生冲突。让我们来看看如何制订一个具体的周末假日行程表。

首先，所谓周末假日究竟是从什么时候开始，到什么时候结束呢？

一般的看法是从周六早上到周日晚间为止。如果想要利用周末假日，充分争取时间进行自我启发的话，这样看是不行的。所谓周末假日是从周五晚间到周一早上为止的时间。如此解释的话，就有将近三天的假期可资运用，不妨将它当作一个整体时段加以掌握。倘若这种理念成立的话，周五晚间的度过方法就变得十分重要。

周六和周日，还是应该早起。如果失之严苛的话，恐有难以持续之虞，因此不妨稍微放松，比平日晚起一两个小时也没关系。尽可能和家人共用早餐为宜。

其次，要将周六、周日的上午定为主要进修时间，不足的部分排入周六、周日的晚间。周日晚间不排计划只管就寝，周一早上提早起床也就可以做到了。

一般而言，周末假日要将工作暂且付诸脑后，好好地调剂身心才是提高工作效率的良方。不过，有件事情非常重要，就是必须为下周一开始的工作预做心理准备。如果等到下周一早上再来定下下周的进修行程表，事实上已经太迟了。本周日晚间才是思考并定下下周行程表的绝佳时机。

由此可知，恰当而合理地进行时间预算，不仅可以为自己赢得与家人在一起的快乐时光，而且可以大大提高我们的工作效率，从容应对一切。

“重要的少数”与“琐碎的多数”

“一分耕耘，一分收获。”一直以来，人们将其奉为圭臬。但很多人会遇到这种情况：为做成一件事，花费了几倍于别人的精力，结果却不尽如人意。“事倍功半”成为我们工作和生活的常态。

如何使耕耘能有收获甚至达到“事半功倍”，每个人都希望找到这样的高效秘诀。其实，高效能人士的确有个法宝，这就是“二八法则”。

1897年，意大利著名经济学家帕累托偶然发现了英国人的财富和收益模式，经过长期研究，最终发现了被后世所称道的著名的“二八法则”。帕累托研究发现，社会上的大部分财富被少数人占有了，而且这部分人口占总人口的比例与这些人所拥有的财富数量，具有极不平衡的关系。

长期研究后，他从大量的具体事实中归纳出一个简单却让人不可思议的结论：社会上20%的人占有社会80%的财富。

后来，研究“二八法则”的专家理查德·科克在工作实践中发现：凡是洞悉了二八法则的人，都会从中受益匪浅，有的甚至会因此改变命运。的确，如果你真正理解并正确运用了二八法则，那成功离你并不遥远，触手可及的感觉总会让人具有奋斗的不竭动力。

人们常习惯性地认为：顾客都是上帝，要一视同仁；每一个人都是一颗不可或缺的螺丝钉，发挥着同样的价值作用……当我们在所有的事物上花费等量的精力时，往往会发现，投入与产出等比的情况并不总会出现，并且大多数时候的结果是“事倍功半”。“二八法则”提醒我们要对那些客观存在的不平衡现象给予足够重视，提醒我们应该打破那些束缚我们的常规认识，从而提高生活和工作效率。

因与果、投入与产出或努力与报酬之间的关系，往往是不平衡的，这是“二八法则”带给我们的启示。二八法则要求人们放弃那些“表现一般或不好”的、只能带来20%产出的80%的投入。我们身边的高效能人士都是懂得运用二八法则的高手。

查尔斯是纽约一家电气分公司的经理。他每天都疲于应付成百份的文件，这还不包括临时得到的诸如海外传真送来的最新商业信息。每天一出电梯，走进办公大楼的时候，他就开始被等在电梯口的职员团团围住，等他走进自己的办公室，已是满头大汗。他经常抱怨说自己要再多一双手、再有一个脑袋就好了。查尔斯看似每天十分忙碌，但是大部分时间都浪费在了一些不必要的签字上。各部门的职能与权力分配并不十分清晰。

查尔斯有一天终于忍受不住了，他终于醒悟过来了，他把所有的人关在电梯外面和自己的办公室外面，把所有无意义的文件抛出窗外。他让他的属下自己拿主意，不要来烦自己。他给自己的秘书做了硬性规定，所有递交上来的报告必须筛选后再送交，不能超过十份。刚开始，秘书和所有的属下都不习惯。他们已养成了奉命行事的习惯，而今却要自己对许多事拿主意，他们真的有点不知所措。但这种情况没有持续多久，公司开始有条不紊地运转起来，属下的决定是那样及时和准确无误，公司没有出现差错。相反，之前经常性的加班现在取消了，工作效率因真正各司其职而大幅度提高了。查尔斯有了读小说、看报、喝咖啡、进健身房的时间，他感到惬意极了。他现在才真正体会到自己是公司的经理，而不是凡事包揽的老妈子。

查尔斯作为管理者，每天总是“忙碌”，每天80%的时间“浪费在了一些不必要的签字上”，当他转变工作方式后，将“无意义的文件抛出了窗外”，将绝大部分精力花在了“不超过十份”的文件上，结果是他的工作效率大大提高了。这就是二八法则的神奇力量。

二八法则要求分清 “重要的少数”还是“琐碎的多数”，不要沉浸在忙碌中，时间是一种资源，应该将精力集中解决“重要的少数”。二八法则是一项对提高人

◇ 在时间管理中应用二八法则 ◇

很多人对于大多数重要事情的处理时间只占了20%，而剩余的80%时间其实是非常低效的。所以指导原则应当是把重要的事情非常明确地凸显出来，把剩余时间尽可能利用在有意义同时很休闲的事情上。

首先，每天确定下最重要的两件事，完成它。每天订的任务不要太多，但是订的任务一定要完成。

其次，余下时间订个一周关注计划。一周做个循环，要将一周任务循环完毕。

最后，写工作日志，记录一天的任务完成情况。

类效率影响深远的法则，被称为指导职业获利和人生幸福的“圣经”，适用于任何渴望提高工作效率、创造最高财富利润的个人。

如果想取得人生的辉煌和事业的成就，就必须遵守二八法则：

抓住重点，而非全程参与。

学会用最少的努力去控制生活。

选择性地寻找，不要巨细无遗地观察。

做一件事情就要做好，不要事事都追求有好表现。

让别人来负责一些事务，不必事必躬亲。

只做最能胜任的、最能从中得到乐趣的事。

锁定少数，不必苦苦追求所有机会。

可见，二八法则不仅反映了宇宙中客观存在的不平衡性，更浓缩了一种时间管理智慧。相信所有人都不愿沦落为“老妈子”的角色，都希望能从容地做好自己的工作，二八法则为所有人提供了这样的捷径。

盘活那些零碎时间

珍惜时间的人，无论何时，总是能从任何时刻挤出时间来。而这些挤出来的时间，就是我们常常忽略的零碎时间。

所谓零碎时间，是指不构成连续的时间或一个事务与另一事务衔接时的空余时间。这样的时间往往被不少人毫不在乎地忽略掉。而高效能人士善于将零碎的时间有机地运用起来，从而最大限度地提高工作效率。比如在车上时，在等待地铁时，可用于学习，用于思考，用于简短地计划下一个行动，等等。充分利用零碎时间，短期内也许没有什么明显的感觉，但经年累月，将会有惊人的成效。

“世界上真不知有多少可以建功立业的人，只因为把难得的时间轻轻放过而默默无闻。”本杰明·富兰克林发出如此的感叹是有深刻原因的。实践证明，用“分”来计算时间的人，比用“时”来计算时间的人，时间多59倍。

美国近代诗人、小说家和出色的钢琴家艾里斯顿善于利用零散时间的方法和体会值得我们借鉴。他曾这样写道：

当时我大约只有14岁，年幼疏忽，对于爱德华先生那天告诉我的一个真理，未加注意，后来回想起来真是至理名言。从那以后，我就得到了不可限量的益处。

爱德华是我的钢琴教师。有一天，他给我教课的时候，忽然问我：“每天要练习多少时间钢琴？”我说，每天大约三四个小时。

“你每次练习，时间都很长吗？是不是有个把钟头的时间？”

“我想这样才好。”

“不，不要这样！”他说，“你将来长大以后，每天不会有长时间的空闲的。你可以养成习惯，一有空闲就几分钟几分钟地练习。比如在你上学以前，或在午饭以后，或在工作的休息余闲，五分钟、五分钟地去练习。把小的练习时间分散在一天里，这样弹钢琴就成了你日常生活中的一部分。”

当我在哥伦比亚大学教书的时候，我想兼职从事创作。可是上课、看卷子、开会等事情把我白天、晚上的时间完全占满了。差不多有两个年头我一字不曾动笔，我的借口是没有时间。后来才想起了爱德华先生告诉我的话。到了下一个星期，我就把他的话实践起来。只要有五分钟左右的空闲时间，我就坐下来写作一百字或短短的几行。

出人意料，在那个星期的最后，我竟积有相当的稿子准备做修改。

后来我用同样积少成多的方法，创作长篇小说。我的教学工作虽一天比一天繁重，但是每天仍有许多可以利用的短短余闲。我同时还练习钢琴。我慢慢发现，每天小小的间歇时间，足够我从事创作与弹琴两项工作。

艾里斯顿的经历告诉我们，生活中有很多零散的时间是大可利用的。几分钟几分钟的积少成多的方法，就能化零为整，不仅工作效率大大提升，还能做好不少其他自己喜欢的事情，生活将会更加轻松。

零碎时间虽短，但倘若一日、一月、一年地不断积累起来，其总和将是相当可观的。凡是在事业上有所成就的人，几乎都是能有效地利用零碎时间的人。

吴华和朋友新开了一家公关咨询公司，一年接下约130个案子，她每年旅行各地，有很多时间是在飞机上度过的。她相信和客户维持良好的关系是很重要的，所以她常利用在飞机上的时间给他们写短信。一次，一位同机的旅客在等候提领行李时和她攀谈，他说：“我在飞机上注意到你，在2小时48分钟里，你一直在写短信，我敢说你的老板一定以你为荣。”吴华平静地回答：“我就是老板。”

要想成功，不仅要做事业上的老板，还要学会做时间的“老板”。闲暇对于智者来说是用于思考，对于享受者来说是养尊处优，对于愚者来说是虚度。要合理利用好琐碎时间，我们需要做好下面几点：

1. 提高执行速度

动作的快慢决定着需耗用的时间长短。

有这样一个故事，说的是一个闲着无事的老大爷，为了给远方的孙女寄张明信片，可以花上一天的时间。老大爷买明信片时用了两个小时，找老花镜用了两个小时，找地址用了一个小时，写明信片用了两个小时，投寄明信片用了一个小时。

其实，换一个动作迅捷的人，几分钟的时间便能办好这位老大爷所做的事。

我们所强调的时间观念和节奏观念，都是为了提高办事效率，如果一个小时就把需要两个小时办的事情办完了，其效率就提高了一倍。将更多的事情安排在有限

◇ 如何利用零碎时间 ◇

我们会有很多零碎的闲暇时间，很多人不知道怎么利用就白白浪费了。其实我们可以利用这些零碎的时间做很多有意义的事情。

1.骑车或是坐车的时间

可以利用这段时间来听英语、评书或是其他的学习或是休闲的东西。如果是娱乐性质的，可以让我们的生活更开心；如果是学习性质的，可以提升我们更多的能力。

2.上厕所的时间

这个时间我们可以充分利用。我们可以看最新的报纸，或是自己喜欢的书，还可以听音乐。

3. 排队等待的时间

这个时候我们同样可以看电子书、听音乐，或是拿出小本记录下自己的心情。对于想当作家的人来说，最好的习惯就是随身都带着笔和本了。

的时间里完成，这多么有意义！

2. 有意“挤”时间

时间在鲁迅先生的笔下被比作海绵里的水，挤，便会有。做事情只有快，却不懂得“挤”时间，也是不完满的。一名高效能工作者要养成一种敢于挤、善于挤的精神。

3. 善于利用假日

按照中国的有关规定，每个人每年节假日的休息时间为10～11天，再加上周末的时间，一年就会有130天左右的假期。如果你把这段时间巧妙地加以利用，就会有一定的收获。

著名数学家科尔用三年的全部星期天解开了“2的62次方减1”是质数还是合数的数学难题。这三年的星期天多么有意义啊！其实，时间就在我们手中，就看你怎样去利用它。

充分利用好你的最佳时间

知道该什么时间做什么事情最合适，懂得把时间花费在最有价值的地方。正确地管理时间就是对自己生命的负责。生命有限，时间无限。如何在有限的生命中创造无限的价值，关键取决于如何充分地利用好每一份最佳时间。

人们常常抱怨生活的不公平，其实，我们没有看到一点：生活对每个人都是公平的。伟大的赫胥黎说：时间最不偏私，给任何人都是24小时；时间也最偏私，给任何人都不是24小时。不同的是，当最佳的时间出现的时候，有些人懂得抓住并很好地利用，有些人却茫然不知，沉迷于一时的欢乐与游戏之中。

懂得充分利用最佳时间，无论早、中、午、晚，都能恰当地安排好待办的事情，让时间在自己的手里发挥出最大价值，成功就变得不再那么困难。

贝格特是一家保险公司的人寿保险业务员。半年前，全公司里，他一直是最大保险销售额的业务员之一。但在过去的半年当中，贝格特变得有些懒散了，开始不太愿意工作。他打破自己的惯例，把最佳的工作时间，用在读报、打网球或者随便做些别的事上，因此，他的个人业绩大大降低了。

后来，为了提高业绩，经过反思，他制订出一份工作时间表。贝格特发现，只用三到五分钟，就能确认要把自己最宝贵的时间用于何处，这大大提高了自己的工作效率。贝格特认识到了浪费掉的时间的价值，他开始改变此前的做法。每天都花上几分钟，给自己做一个利用时间的表格分析，使自己重新有效地掌握时间，充分地安排并利用好各个时间段的最佳时间。这样，不仅工作业绩上升了，连个人娱乐休闲的时间也有了。

◇ 学会利用自己的最佳时间 ◇

1. 学会说"不"

在工作中，学会拒绝无聊的人和无关重要的事，也不要在不必要的地方逗留太久，不要将整块的时间拆散。一个人只有学会说"不"，他才会得到真正的自由。

2. 积极休闲

积极的休闲有利于身心的放松、精神的陶冶和人际的交流，有利于提高办事效率。如通过一些共同爱好，可以结识各界精英朋友。

3. 搁置的哲学

尽量不要"钻牛角尖"。不要开展无谓的争论，不仅影响情绪和人际关系，而且会浪费大量时间，往往也解决不了什么问题。

汉克斯是一名年轻的销售员。为了在工作上有所成就，以确认应当把时间花在何处，他来到图书馆，阅读了许多有关销售人员的资料。他发现，新业务员必须用75%的时间去了解情况，或寻找客户；8%的时间应当用来准备磨炼销售技能、才干及产品知识，以便能提出一份最佳的产品介绍；剩下的时间就花费在接近可能的客户上。你必须抓住时机，使这个客户做出决定，直到你拿到签了字的订货单为止。汉克斯按着这种思路，分配着这三段最佳工作时间，工作成绩进步很快，得到了上级主管的表扬。

“盛年不重来，一日难再晨。及时当勉励，岁月不待人。”这是五柳先生的劝勉之语。在自己年轻时，充分利用好工作、生活的最佳时间，就会取得自己想要的成功。就如贝格特和汉克斯一样，准确抓住最佳时间，并合理地用在工作、寻找客户或者磨炼技能上，就能在同别人一样的时间里，创造不一样的价值。

我们都知道：世界上最快而又最慢、最长而又最短、最平凡而又最珍贵、最容易被人忽视而又最令人后悔的就是时间。不要在错过流星的时候再错过太阳。要及时抓住属于自己的每一分每一秒，做到“时间”有所值。

这里，我们提供几个可供参考的最佳时间利用办法：

1．把该做的事依重要性进行排列。这件工作，可以在周末前一天晚上就安排妥当。

2．每天早晨比规定时间早十五分钟或半个小时开始工作。这样，就可以有时间在全天工作正式开始前，好好计划一下。

3．把最困难的事搁在工作效率最高的时候做，例行公事，应在精神较差的时候处理。

4．不要让闲聊浪费你的时间，让那些上班时间找你东拉西扯的人知道，你很愿意和他们聊天，但应在下班以后。

5．利用空闲时间：它们应被用来处理例行工作，假如哪位访问者失约了，也不要呆坐在那里等下一位，你可以顺手找些工作来做。

6．晚上看报：除了业务上的需要外，尽可能在晚上看报，而将白天的宝贵时光，用在读信、看文件或思考业务状况上，这将使你每天工作更加顺利。

7．开会时间最好选择在午餐或下班以前，这样你会发现在这段时间每个人都会很快地做出决定。

时间待人是平等的，但是每个人对待它的不同态度，造成了时间在每个人手里的价值的不同。高效地管理时间，充分利用最佳时间，当年老蓦然回首的那一刻，就不会因蹉跎光阴而悔恨不已了。

用好神奇的三小时

汤米睁开了眼睛，才不过清晨5点钟，他便已精神饱满，充满干劲。他的太太却把被子拉高，将面孔埋在枕头底下。

汤米说："过去15年来，我们俩几乎没有同时起床过。"

汤米是个上午型的人，15年来，每天坚持比太太早起三个小时。起床后，他可以从容地刷牙、洗脸，简单地活动一下身体，然后，为妻子煮上美味的早餐。剩下的一个多小时，用来整理当天即将开始的工作，提前做好周密和较为详细的准备。等到妻子醒来的时候，两个人快乐地共进早餐。15年来，从不间断，两个人生活得十分幸福，汤米个人的事业也蒸蒸日上。

每天早起的三个小时的时间内，可以想象，汤米完成了多少有价值的事情。其实，汤米并非超常的人，只是他懂得用好这"神奇的三小时"而已。

"神奇三小时"是由著名时间管理大师哈林·史密斯提出的。他鼓励人们自觉地早睡早起，每天早上5点起床，这样可以比别人更早开始新的一天，在时间上就能跑到别人的前面。利用每天早上5～8点的这"神奇的三小时"，我们可不受任何干扰地做一些自己想做的事，就像汤米那样。

其实，提倡每天用好神奇的三小时，并非毫无根据，而是经过科学证明的。

20世纪50年代后期，医生兼生物学家赫森提出了一项称为"时间生物学"的理论。他在哈佛大学实验室的研究中发现，某些血细胞的数目并非整天一样，视它们从体内产生的时间不同而定，但这些变化是可以预测的。细胞的数目会在一天中的某个时间段比较高，而在12小时之后则比较低。他还发现，心脏新陈代谢率和体温等也有同样的规律。

赫森的解释是，我们体内的各个系统并非永远稳定而无变化，而是有大约一个周期。有时会加速，有时会减慢。赫森把这些身体节奏称为"生理节奏"。

时间生物学的主要研究工作，当时全部由美国太空总署主持。罗杰斯就是该署的一位生理研究学家，也是一位生理节奏学权威。他指出，在大多数太空穿梭飞行中，制订太空人的工作程序表时都应用了生理节奏的原理。

这项太空时代的研究工作有许多成果可以在地球上采用。例如，时间生物学家可以告诉你，什么时候进食可以使体重不增反减，一天中哪段时间你最有能力应付最艰苦的挑战，什么时候你忍受疼痛的能力最强而适宜去看牙医，什么时候做运动可以收到最大效果，等等。罗杰斯说："人生效率的一项生物学法则是：要想事半功倍，必须将你的活动要求和你的生物能力配合。"

确实，要想做好自己的时间管理，必须了解我们自身的生理特点，掌握好自己的生理节奏，将我们的活动与生物能力相配合。每天早起三小时就是在与时间竞争，这是"勤能补拙"的笨鸟先飞精神的另一种运用。虽然自己不是笨鸟，但是先行一步，早做准备，定能收到事半功倍的效果。

◇“神奇三小时”的好处◇

“神奇三小时”除了文中提到的好处外，还有以下益处：

1. 避免他人打扰

在“神奇三小时”里，我们被打扰的频率会大大降低。把这个时间段用来工作或学习，能有效地屏蔽外界的打扰，能够全心全意地投入其中，取得比平时更好的效果。

2. 处理事务的黄金时间

经过一夜的休养生息，醒来后的这段时间是我们精力最充沛、思路最清晰、工作效率最高的时段，是我们处理事务的黄金时段。

3. 建立一个正面的“自我概念”

“神奇三小时”要求我们养成早睡早起的习惯，以确保第二天精力充沛。精神好了，我们自然更加自信。

当然，“神奇三小时”的效果，不可能在朝夕之间体现出来，而要持之以恒。

要拥有美好生活，就需要更好地掌握自己的时间和身体，用好这每天的三小时，就能享受更轻松、更简单的工作和生活。

其实，仔细研究一下，除了哈林·史密斯提到的“神奇三小时”的好处之外，更有着以下诸多好处：

1. 获得内心的平静

已故诺贝尔和平奖得主特里莎修女曾说过，现代生活在都市的人最缺乏的、最渴望的就是“心灵的平静”。而早睡早起，利用早上神奇的三小时，想些问题、做些重要工作，往往可以捕捉到都市喧嚣忙乱背后的宁静时刻。

2. 规划一天工作

“一日之计在于晨。”清晨往往是人们精神最集中、思路最清晰、工作效率最高的时候。在这段时间里，绝对没有人或电话来骚扰你，你可以全心全意地做一些平日可能要花上好几个小时才能完成的工作或事务，规划一下一天的工作，能够取得很好的成效。

3. 培养自律

养成早睡早起的习惯，可以使我们一天精力充沛、信心百倍。同时，还可考验自己的自律精神，建立一个正面的“自我概念”。

4. 调息身心

当然早睡早起并不是缩短我们的睡眠时间，正好相反，它只是将我们的睡眠及起床时间略微调整，而这正是高效率利用时间的要求。

试想，如果我们在晚上10点睡觉，早上5点起床的话，我们的睡眠时间仍然是七个小时。而一般人如果在午夜12点入睡，早上7点起床的话，他们的睡眠时间同样也是七个小时。所以，在此提倡早睡早起，运用好“神奇的三小时”，策略性地将休息和工作的时间对调一下，生活可以同样美好。

阅读：

高效时间管理的十个技巧

时间管理需要一定的训练，如果你没有准备好接受专门训练的话，你将不能成为一个优秀的时间管理者。下面是时间管理的十个方法：

1. 每天清晨把一天要做的事都列出清单

如果你不是按照办事顺序去做事情的话，那么你的时间管理就不会是有效率的。在每天的早上或是前一天晚上，把一天要做的事情列一个清单出来。这个清单包括公务和私事两类内容，把它们记录在纸上、工作簿上或是手机上面。在一天的工作过程中，要经常进行查阅。举个例子，在开会前十分钟的时候，看一眼你的事情记录。当你做完记录上面所有事的时候，最好再检查一遍。

2. 把接下来要完成的工作同样也记录在你的清单上

在完成了开始计划的工作后，把下面要做的事情记录在你的每日清单上面。如果你清单上的内容已经满了，或是某项工作可以转过天来做，那么你可以把它算作明天或后天的工作计划。

3. 对当天没有完成的工作进行重新安排

你有了一个每日的工作计划，而且也加进了当天要完成的新的工作任务。那么，对一天下来那些没完成的工作项目又将做何处置呢？你可以选择将它们顺延至第二天，添加到你明天的工作安排清单中。但是，希望你不要成为一个办事拖拉的人，每天总会有干不完的事情，这样，每天的任务清单都会比前一天有所增加。如果的确事情重要，没问题，加班做完它。如果没有那么重要，你可以和与这件事有关的人讲清楚你没完成的原因。

4. 记住应赴的约会

使用你的记事清单帮你记住应赴的约会，这包括与同事和朋友的约会。如果你不能清楚地记得每件事都做了没有，那么一定要把它记下来，并借助时间管理方法保证它按时完成。如果你的确因为有事而不能赴约，可以提前打电话通知你的约会对象。

5. 制一个表格，把本月和下月需要优先做的事情记录下来

很多人都会制订每一天的工作计划。那么，有多少人会把他们本月和下月需要做的事情进行一个更高水平的筹划呢？除非你从事的是一项交易工作，它的时间表上总是近期任务，你经常是在每个月末进行总结，而月初又开始重新安排筹划。对一个月的工作进行列表规划是时间管理中更高水平的方法，再次强调，你列入这个表格的一定是你必须完成的工作。在每个月开始的时候，将上个月没有完成而这个月必须完成的工作添加入表。

6. 把未来某一时间要完成的工作记录下来

你的记事清单不可能帮助提醒你去完成在未来某一时间要完成的工作。比如，你告诉你的同事，在两个月内你将和他一起去完成某项工作。这时，你就需要有一个办法记住这件事，并在未来的某个时间提醒你。你可以使用多个提醒方法，一旦一个没起作用，另一个还会提醒你。

7. 保持桌面整洁

一个把工作环境弄得乱糟糟的人，往往不是一个优秀的时间管理者。同样的道理，一个人的卧室或是办公室一片狼藉，他也不会是一个优秀的时间管理者。因为一个好的时间管理者是不会花很长时间在一堆乱文件中找出所需的材料的。

8. 把做每件事所需要的文件材料放在一个固定的地方

随着时间的过去，你可能会完成很多工作任务，这就要注意保持每件事的有序和完整。你可以把与某件事有关的所有东西放在一起，这样当你需要时查找起来就非常方便。

9. 清理你用不着的文件材料

这里提到的文件材料不包括你的工作手册或是必需的参考资料，而是那些积累的文件。

10. 定期备份并清理计算机

同样，对保存在计算机里的文件的处理方法也和上面所说的差不多。定期地把文件备份到光盘上，马上删除机器中不再需要的文件。

◇ 时间管理的2个原则 ◇

所谓时间管理，指的是对时间资源进行分配，让它发挥出最大的效用，进而让我们在最短的时间内获得成功。所以，在对时间进行管理时，要遵循以下2个原则：

1. 重视时间资源

避免“一分钱智慧几小时愚蠢”的事例，如为省两元钱而排半小时队等。对待时间，就要像对待经营一样，时刻都要有一个“成本和价值”的观念，要注重时间的机会成本，使时间产生的价值最大化。

2. 劳逸结合追求效率

不能一味地疯狂劳动或者学习。要追求效率，在有限的时间内实现效率最大化。

第十二章

来吧！给自己加点正能量

英国作家萨克雷说：“生活就是一面镜子，你笑，它也笑；你哭，它也哭。”你积极努力，生活将赐予你灿烂的阳光；你消极被动，最终可能一无所有。

生活是一种态度，如果我们拥有一颗积极乐观的心，善于发现事物的美好，感受平凡中的美丽，我们将会以坦荡的心境、开阔的胸襟应对生活和工作中的酸甜苦辣。当自己拥有正能量时，你会发现工作的乐趣，拖延症也会随之远去。

快乐地与内心交谈

情绪低落、处境不顺的时候，你所能享有的乐趣就是接纳此刻的自己——一个有缺点、会改变，但不断成长而且有价值的人。

你应对自己的成就感到自豪，更重要的是，要乐于做此时此刻独一无二的你。你要了解，人类在体力和心智上虽然不是生而平等，却生而具有同等的权利去追寻幸福。

很多习惯拖延的人绝不以己为荣。他们一再对自己说："真希望我是别人，做别的事，在别的地方。"相反地，每天都能在生活和工作中发现乐趣的人，对自己有强烈的价值感。他们总是告诉自己："我喜欢自己。"为了能够享受工作的幸福感，我们每天都必须以自我交谈的方式，加强自己的心理建设。

如果从做事的过程中只得到厌倦、紧张与失望，完成任务的过程就会很痛苦。我们需要了解的是，幸福感不是天生的，这就要求我们必须选择积极向上的心智模式，需要投入自信、毅力、谦虚、坚持……

每个人都要为自己的行为和态度负责。对自己满意的人，在生活中能够自创幸福。境遇是自己开创的，是他们的积极态度造就了自己。

在一个充满正能量的人面前，你很难保持拖延的做事态度。积极的人会散发出精力充足、愉悦和进取的光芒。能够发扬人生光明面的人，会在同事间建立起关爱之情，大家很容易受到他的感染，进而对前途充满憧憬。

即使在万事不顺的时候，只要思想积极，你依然能够渡过难关。若能在解决问题或情况改变之前，保持充沛的精力，你非但不会陷入泥沼，反而能够腾飞。在遭遇阻碍时，你内心的态度会反映到外在的行为上，让你超越障碍，终致成功。

如何清空自己的消极情绪呢？总结前人的经验，我们从种种建议方法中，归纳出以下可供选用的方法：

专家调查表明，坐办公室的人有30%的时间会脾气古怪、爱发牢骚、易怒。那么如何清空自己的坏情绪，我们为你准备了八种"坏心情清除术"。

1. 说出你的想法

如果确信别人的某个请求是不合理的，你就得说出来。例如说，当人们请求你帮他们做事情而给你造成不快时，你通常很难说"不"。考虑一下你是否能够做或者愿意做他们要求你做的事情。如果你不能做或不想做，就要学会有效地拒绝他人的请求。

2. 适当发泄

有时摆脱坏心情最明智的做法就是别抑制它，而是任其发泄3～5分钟。但要设定好自我放纵的界限，趁办公室无人时哭上几声，或拍打一下桌椅、跺一跺脚。

3. 强制自己微笑

有时伪装好心情也会让你的坏情绪在不知不觉间悄悄溜走。当你的坏情绪涌上心头时，不妨努力伸一下懒腰，做几次深呼吸，去打一个短暂的电话，试着强制自己微笑三分钟。

4. 用工作转移注意力

当不愉快的事情降临到头上时，不妨迅速进入工作角色。实在不能投入工作，就去帮同事的忙，烦心事很快就会被你的忙乱冲掉。

5. 为自己唱首歌

音乐可有效平息人的坏情绪，当你意识到自己的情绪很糟糕时，不妨听一段舒缓的音乐，或者花五分钟哼唱你最爱的那首古老而经典的曲子，感受新的自我。无他人在时可大胆地高声唱出来。

6. 多想美好的事

回忆美好时光是消除坏心情的一剂良药。回忆当你的衣着打扮赢得同事赞美、当老板征求你的意见时，你有多么骄傲，等等。

7. 喝水能消除紧张感

当你紧张得不知所措时，先泡上一杯茶，慢慢地一小口一小口地啜饮，在品味茶香的过程中，紧张顿消。

8. 学会释然，正视现实

面对一个无法改变的事实的最好办法就是接受它。不管发生什么事情，哪怕是天大的事情，也要对自己说："不要紧！"记住，积极乐观的态度是解决任何问题和战胜任何困难的第一步。要知道，风雨之后总会有彩虹，因为天不会总是阴的。自然界是这样，生活也是这样。

抛开抱怨，不给拖延留机会

我们发现，到处都有"牢骚族"或"抱怨族"。他们总是把抱怨的"枪口"指向任何一个角落，埋怨这个、批评那个，而且从上到下，很少有人能幸免。他们的眼中处处都能看到毛病，因而处处都能看到或听到他们的批评或愤怒。

抱怨的恶习使他们丢失了责任感和使命感，只对寻找不利因素兴趣十足，从而

◇ 改变消极的情绪 ◇

要改变自己的消极情绪，培养积极乐观的心态，具体要注意以下几点：

期望值不宜过高

不要把期望值定得过高，目标应该经过自己的一番努力就能实现，这样能体会到成就感，逐渐增强自己的信心，利于培养积极心态。

学会自我调适

当遇到烦恼的事情时，要注意保持心理平衡。与其郁郁寡欢，不如努力调适自己，化抱怨为抱负。

学会自觉疏导

人们在感到不高兴时，最好不要郁积在心，要主动向知心朋友倾诉。

总之，要培养积极乐观的心态，就要学会用生活中那些美好的东西陶冶自己的情操，让自己对生活充满信心。

使自己视野越来越窄，也给自己的拖延行为找到越来越多的借口。

其实，真正优秀的人从来不去抱怨环境给予了自己什么，也不会为自己的失败找寻任何借口。他们只会勇敢地面对生活，即使面临委屈的处境，也不会觉得难过，因为他们都明白这样的道理：越抱怨越平庸。

为抱怨寻找理由时，我们将深陷抱怨的世界中，抱怨—挫折—抱怨，我们将永远陷入这样的恶性循环中。

不为抱怨找理由，永不抱怨才是人生的第一态度。当不抱怨成为人生的第一态度时，我们会发现自己是一个名副其实的富翁，用努力奋斗去呼应不抱怨，世界将会发生本质的改观。

喜欢抱怨的人总是容易找到抱怨的借口，他们总是在抱怨社会的不公和自己的不幸。出身、家世和生存环境都可以成为他们抱怨的对象。其实许多不公平的经历，我们是无法逃避的，也是无法选择的。我们只能接受已经存在的事实并进行自我调整，人在无法改变不公和不幸时，要学会接受它、适应它。

永不抱怨才是人生的第一态度，面对无法避免的事实，我们应该学着做到诗人惠特曼所说的那样："让我们学着像树木一样顺其自然，面对黑夜、风暴、饥饿、意外等挫折。"

工作中的许多事情都不是我们能够改变和左右的。在这种情况下，抱怨和牢骚没有任何作用，你唯一能做的是充分发挥自己的优势，在有限的活动空间中将工作做好。做到这一点，你才是优秀的，不然，你只能在抱怨中蹉跎一生。

英国伦敦泰晤士河南岸有座威斯敏斯特教堂，安葬于此的一位英国主教的墓志铭十分特别。墓碑上写着这样一段话："我年少时，意气风发，当时曾梦想要改变世界。当我年事渐长，发觉自己根本无力改变世界，于是决定改变自己的国家。但这个目标我还是无法实现。步入中年之后，我试着改变自己身边的最亲密的人，但是，他们根本不接受改变！当我垂垂老矣，终于顿悟了一件事，我应该改变自己，以身作则，影响家人。若我能为家人做榜样，也许下一步就能改善我的国家，再接下来，谁又知道呢，也许我连整个世界都可以改变！"

我们也许都曾有过类似的困惑，费尽一切力气要改变别人，甚至要改变世界，让世界来顺应自己的喜好，然而，这是不现实而且是徒劳的。

既然改变不了现在的处境，那就改变自己吧。这才是明智的人应有的态度。只凭借外因的努力改变别人几乎是不可能的，所以要想改变这一切，首先从改变自己开始，改变了自己，你就会发现，世界也会变得随心所欲起来。

不要抱怨你的专业不好，不要抱怨你的学校不好，不要抱怨你住在破宿舍里，不要抱怨你没有一个好爸爸，不要抱怨你的工作差、工资少，不要抱怨你空怀一身绝技没人赏识你。现实有太多的不如意，就算生活给你的是垃圾，你同样能把垃圾踩在脚底下，登上世界之巅。

◇ 如何做到不抱怨 ◇

怨言太多既会伤害人际关系，也损害了自己的形象，那么，如何才能做到不抱怨呢？

1.要理智

时刻保持清醒的头脑，控制好自己的言论，在心中默念“冲动是魔鬼”，管住自己的嘴，坚决不说怨言。

2.发脾气前深呼吸

在火气冲天、想发唠叨、说怨言的时候，要记着进行一下深呼吸，理智会战胜情感，就能控制住自己的嘴。

3. 当面直说

抱怨是不好的，也是不对的，当有问题时，我们可以当面直说或者提意见，这样做的效果会比抱怨好得多。

多给自己积极的心理暗示

相信可以达到目标，这种态度能使你产生力量，达到目标。不断在内心肯定自己的一切，为了能喜欢自己和自己的工作，我们必须不断地在内心肯定自己的成就和表现，以强化自己的形象。

一般而言，对自己积极暗示的人在犯了错误或遭遇失败之后，会对自己说："这不像我平日的作风""下次我要换一种方式""我会再接再厉，下次我一定要准备得更充分些"。

自我暗示是世界上最神奇的力量，积极的自我暗示往往能唤醒人的潜在能量，将他提升到人生更高的境界。

心理暗示是我们日常生活中最常见的心理现象，它是人或环境以非常自然的方式向个体发出信息，个体无意中接受这种信息，从而做出相应的反应的一种心理现象。暗示有着不可抗拒和不可思议的巨大力量。

心理暗示这个法宝有积极的一面和消极的一面，不同的心理暗示必然会有不同的选择与行为，而不同的选择与行为必然会有不同的结果。有人曾说："一切的成就，一切的财富，都始于一个意念。"你习惯于在心理上进行什么样的自我暗示，就是你贫与富、成与败的根本原因。两种截然不同的心理上的自我暗示，关键就在于你选择哪一面，经常使用哪一面了。

1960年，哈佛大学的罗森塔尔博士曾在加州一所学校做过一个著名的实验。

新学期，校长对两位教师说："根据过去三四年来的教学表现，你们是本校最好的教师。为了奖励你们，今年学校特地挑选了一些最聪明的学生给你们教。记住：这些学生的智商比同龄的孩子都要高。"校长再三叮咛：要像平常一样教他们，不要让孩子或家长知道他们是被特意挑选出来的。

这两位教师非常高兴，更加努力地教学了。

我们来看一下结果：一年之后，这两个班级的学生成绩是全校中最优秀的。知道结果后，校长如实地告诉这两位教师真相：他们所教的这些学生智商并不比别的学生高。这两位教师哪里会料到事情是这样的，只得庆幸是自己教得好。

随后，校长又告诉他们另一个真相：他们两个也不是本校最好的教师，而是在教师中随机抽出来的。

这两位教师相信自己是全校最好的老师，相信他们的学生是全校最好的学生，这种积极的心理暗示，使教师和学生都产生了一种努力改变自我、完善自我的进步动力。这种企盼将美好的愿望变成现实的心理，这就是心理暗示的作用。

我们每个人都应该给自己以积极的心理暗示。任何时候，都别忘记对自己说一声："我天生就是奇迹。"本着上天所赐予我们的最伟大的馈赠，积极暗示自己，你便开始了成功的旅程。

拿破仑·希尔提醒渴望成功的人们，要不断地对自己说："在每一天，在我的生命里，我都有进步。"也就是说，一个人的心理暗示是怎样的，他就会真的变成那样。所以，我们要调整自己的情绪心理，充分利用积极的心理暗示。

约翰·伍登在自己40年的教练生涯中，他所带领的高中和大学球队获胜的概率在80%以上；在全美12年的篮球年赛当中，他所带领的球队曾替加州大学洛杉矶分校赢得10次全国总冠军。如此辉煌的成绩，使伍登成为大家公认的有史以来最称职的篮球教练之一。

曾经有记者问他："伍登教练，请问你如何保持这种积极的心态？"

伍登很愉快地回答："每天我在睡觉以前，都会提起精神告诉自己：我今天的表现非常好，而且明天的表现会更好。"

"就只有这么简短的一句话吗？"记者有些不敢相信。

伍登惊讶地问道："简短的一句话？这句话我可是坚持了20年！重点和简短与否没关系，关键在于你有没有持续去做，如果无法持之以恒，就算是长篇大论也没有帮助。"伍登教练不仅在工作中时刻保持积极的心态，在生活中也是一个积极乐观的人。例如，有一次他与朋友开车到市中心，面对拥挤的车流，朋友感到不满，继而频频抱怨，伍登却欣喜地说："这里真是个热闹的城市。"

朋友好奇地问："为什么你的想法总是异于常人？"

伍登回答说："一点都不奇怪，我是用心里所想的事情来看待，不管是悲是喜，我的生活中永远都充满机遇，这些机遇的出现不会因为我的悲或喜而改变，只要不断地让自己保持积极的心态，我就可以掌握机遇，激发更多的潜在力量。"

积极的心态能够催人上进，激发人潜在的力量。时刻鼓励自己，给自己积极的暗示，有助于我们走出困境，保持积极进取的精神。

因此，每天清晨不妨告诉自己今天会有个好心情；每当有重大选择和决定的时候，暗示自己的选择和决策是明智的。选择积极的自我暗示，等于选择幸福生活，选择与成功人生为伴，用心享受它所带来的魔术般的奇迹。

适当放松，享受休息时光

一杯水只有500克，但是你觉得你能端多久呢？一分钟，大家一定都没问题；一个小时，你可能会觉得手酸；一天，可能就得叫救护车了。水的重量并没有变，但是你端得越久，就越觉得沉重。这就像我们的工作一样，如果我们一直把工作扛在身上，不管时间长短，最后都会觉得越来越沉重，甚至无法承担。所以，如果要长久地坚持下去，就要学着先放下这杯水，休息一下再端起它。

我们必须学会适时放下工作，放下工作中的压力，休息一下，然后再开始。所以，

◇ 积极的自我暗示 ◇

在实际生活中，我们具体可以通过哪些方式进行积极的自我暗示呢？

利用语言

用于自我激励的话，要有肯定的、积极的意义。如："我一定能行"。

利用动作

心情烦闷时，可以反背双手来独自散步；紧张不安时，可以在僻静的地方大声朗读自己喜欢的诗歌，等等。

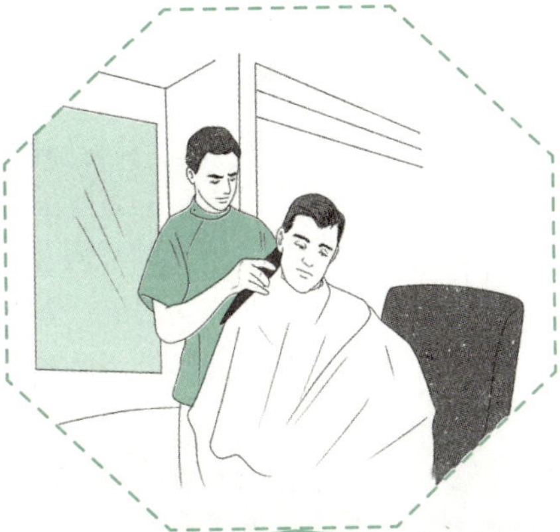

利用自我"包装"

比如有的人在遇到烦恼的时候，就去做一个新发型，暗示自己一切从头开始。

利用环境

心情烦躁的时候，我们可以听听曲调舒缓的音乐或者散散步，让心情恢复平静，对生活重新充满希望。

深谙此道的高效能人士，才能在长久的工作中保持良好的状态，直至最后的成功。

工作之道，一张一弛。平衡工作和休息是为了更好地工作，不会休息的人不懂得更好地工作。

一对夫妻到加拿大魁北克的一个旅游胜地度假，住在一个山坳附近的旅馆中。他们发现，山坳左侧的松树明显比右侧的松树多，枝叶也要繁茂得多。而且右侧松树的大多枝干都已经折断，像是被人破坏的一般。

一个大雪的清晨，妻子突然发现山坳左侧的一棵松树抖动了一下，本已经压得它弯下腰来的积雪被抖了下来。这一发现让她恍然大悟，再看右侧的松树，无论雪多大，都依然保持挺拔的姿势，可能是因为松树种类不同，它们从不会弯下枝条滑落身上的积雪，以至于不堪重负，纷纷被压断。这就是左侧松树要比右侧松树枝叶繁茂的原因。

职场上的员工也是如此，不懂得放下压力的人最终只会被工作压垮。只有那些懂得适时放下压力，懂得休息的人才能生活得更好，工作得更出色。

最能发挥效力的休息是主动休息。一名高效的工作者应当学会“积极的休息”，因为这是维持高效率工作的重要条件。所谓“积极的休息”，是因为这种休息有别于单纯的歇息，是为了保持工作效率而做的休息。

既然称为“积极的”，这种休息必须在短时间内达到最大的效果。事实上，在办公时间内也不可能做长时间的休息。一般而言，办公室的工作会使人感到疲劳，大都是因为长时间保持同一姿势，使得血液循环不良，导致身体疲惫。所以，如果你一直保持着前屈姿势，那么在休息的时候，可以做一些反方向的动作，使原本受压迫部位的血液得以畅通，使过度的筋骨得以舒展，这些都是很有效的。

心理学家们认为，疲倦的感觉是生理自然发出的警告，提醒我们身体某部位超过负荷。如果置之不理，将会增加身体的负担。所以，一旦出现警告信息，让负担过重的部位恢复正常，才是明智之举。

比如，把休息时间定为三分钟。虽然没有科学上的依据，但三分钟正好是很多事情最小的段落。一个电话、拳赛一回合，都是以三分钟为一单位。因此，只要三分钟，就足以使疲惫的身体恢复原本的活力。如果超过三分钟，可能会因为中断太久，无法立即继续先前的工作。这样一来，反而降低了工作效率。

具体到个人，这三分钟的使用方法，可以因人而异。为了使疲惫的身心得到休息，你可以放下手边工作，听听音乐，或是欣赏自己喜爱的画家的作品。不过，在办公室里，想要听音乐，欣赏名画，似乎有些困难。所以，还是以活动一下筋骨为主比较合适。当然，三分钟只是大略估计而已。只要能达到效果，两分半钟或是两分钟也是可以的。

此外，并不是每小时都得休息三分钟。只要觉得身心能保持最佳状况，一点也不疲劳的话，继续工作也未尝不可。如果硬性规定每工作一小时就得休息，说不定

◇尝试让自己放松◇

在空闲的时间学会放松自己，让自己的身心获得更好的舒展，这样才能有一个好的精神状态去面对工作与生活。

1. 利用工作空闲时间

所谓工作的空闲时间，是指上班的休息时间，可以是吃饭时间、中间休息时间等。在这些时间，可以去洗把脸，闭目养神一会儿，适当地按摩一下面部或眼睛等，对放松身体很有帮助。

2. 找一个安静的地方坐下来

下班回家，或者周末休息，可以选择一个十分安静的地方坐下来休息放松一下。安静的地方很容易让人全身心地放松下来。

3. 洗个热水澡

洗澡对于放松是很有帮助的，既有助于睡眠，又有助于身心的舒缓。

会打断正在进行的工作，不但无法提高工作效率，反而降低了效率。更何况，做一下就休息一会儿，只能算是浑水摸鱼，而不是“积极的休息”。

如果你没有办法在中午睡个午觉，至少要在吃晚饭之前躺下休息一个小时，这比其他的休息方法有效多了。如果你能在下午5点、6点或者7点钟左右睡一个小时，你就可以在生活中每天增加一小时的清醒时间。为什么呢？因为晚饭前睡的那一个小时，加上夜里所睡的6个小时——共是7小时——对你的好处比连续睡8个小时更多。

每天额外抽出 10 分钟左右的时间（可以在早晨或晚上），坐下来，放松自己，不要去想任何问题。

合理分配时间。计算每天的时间安排，制订适合自己的时间表。要确保休息时间和工作时间是成正比的。

不要放弃自己的业余爱好，比如：骑车、打球。

你可能面对的是堆积如山的工作和繁忙的家庭生活，一定要懂得如何放松。不要错误地认为，休息会浪费自己的时间，阻碍自己高效地完成工作。俗话说得好：“磨刀不误砍柴工。”当我们疲惫的身心得到休息的时候，会为我们下阶段的工作做好准备，不失为一件必要的事情。让身心得到放松，能够改善我们的工作生活，减轻压力，心情更加舒畅，才能促使自己更加高效地工作。

跳着踢踏舞去工作

当我们把工作看作人生的一种乐趣并投入自己的热情时，完成任务就不再是一件苦差事。巴菲特在谈及自己的生活时说道：“每天早晨我都是跳着下床，我跳着踢踏舞去工作。我正在享受美好的时光。我生活中的一切都金不换。”可以说，始终保持着快乐的工作激情、良好的工作状态是巴菲特得以成为一代股神的重要因素。

在工作中，只有怀着快乐的心情，才会觉得工作顺心如意。保持快乐的工作激情从来就不是一件很遥远的事情，用快乐的心态对待你每天都要面对的工作吧！你会发现，你收获的不仅是快乐的激情，还有激情之后丰硕的物质回报。

肖恩的事业一直很顺利。在某食品公司工作两年后，他就从一名普通职员升任为产品开发部业务经理。公司看重肖恩的工作能力，希望他能在产品开发创新上有所作为。

肖恩很快就制订了一套新产品的开发方案，提交给上司，他一心希望这套方案能被认可。出人意料的是，在开过的新产品研讨会上，他的计划被否认了。而且，更让肖恩感到沮丧的是，公司采纳了另一项开发计划，决定让肖恩负责这个项目的具体开发。

新的职位似乎打碎了肖恩的计划——他要到离家很远的某地农业区去从事实际的开发事宜。一旦离开公司，在肖恩看来，他就根本无法实现自己在公司发展的计划。

虽然心怀不满，肖恩还是按时就任新职。新鲜的空气，听到在大都市很难听到的鸟鸣。肖恩发现，公司交给他的是一项非常有价值的任务——开发纯天然绿色食品，不仅能改善民众的健康，同时也能为公司带来新的发展机遇。这使得肖恩重新找到了工作的快乐和激情。

肖恩愉快地投身工作，每天工作之余就在所在的区域长时间地散步、慢跑。他发现，这里的环境非常有益于自己的健康。过了不久，肖恩又发现了一项自己在中学时代就向往的运动——潜水。他在当地建立了很好的人际关系，并交了不少新朋友。

这样身心愉快地工作了两年，肖恩顺利地完成了任务，他带着自己新开发的产品和健康的身体回到了公司。

肖恩在33岁时，升为公司的董事，终于实现了自己在公司发展的计划。

无论做任何事，都应该保持愉快的心情，因为它决定了一个人日后事业上的成败。把工作当作一种乐趣的员工，是老板最倚重的员工，也是最容易获得成功的员工。如果你的能力一般，乐观上进的态度可以让你得到更好的发展；如果你十分优秀，积极乐观的工作会将你带向更成功的领域。

面对平凡、乏味的工作，我们都要抱着积极的态度去接受，把工作当成人生最大的乐趣。只有这样我们才能充分地释放出自己的活力和激情，实现自己在公司里的价值。

当我们把工作看作人生的一种快乐使命并投入自己的热情时，上班就不再是一件苦差事，工作就会变成一种乐趣。不论你现在的工作多么微不足道，也不论你对工作如何不满意，只要你以认真的态度、火焰似的热情、主动努力的精神去工作，努力从工作中发现乐趣，你就能做好自己的工作。

许多人认为自己在公司里每天好像是依附在一台大的、没有人性的机器上的齿轮。因为失去了快乐的工作激情，每天除了懒散地应付别人要他做的事情，并不想在工作中学习任何东西。结果，浪费了时间，耗费了精力，而没有取得任何进步，相反，把工作搞得一塌糊涂。

毋庸讳言，许多工作是重复性的，缺乏创新，没有刺激，因而很容易让人感到单调、乏味。如果我们能保持快乐的工作激情面对每一项工作，就可以让自己的心灵引擎产生无穷的能量，继而推动自己的进取心。这样，即使在平凡的工作岗位上工作，也会创造出不平凡的业绩。所以，从现在开始，不要再计较手中的工作是多么“微不足道”，对它倾注你全部的快乐和激情吧!

◇ 保持职场激情的三个技巧 ◇

对工作保持激情和新鲜感，会让你精力充沛，工作效率提高。保持激情，你也会因此而感到快乐。那么，如何保持对工作的激情呢？

1. 离开舒适区，不断寻求挑战

不断寻求挑战激励自己。只有不断突破和挑战才是职场保鲜大法。并且要提防自己，不要躺倒在舒适区。舒适区只是避风港，不是安乐窝。

2. 调高视线，放远目标

如果你的主要目标不能激发你的想象力，目标的实现就会遥遥无期。因此，真正能激励你奋发向上的是一个既宏伟又具体的远大目标。

3. 选择支持你目标的朋友交往

结交那些希望你快乐和成功的人，你就在追求快乐和成功的路上迈出了最重要的一步。对生活的热情具有感染力，因此，同乐观的人为伴能让我们看到更多的希望。

再见，“职场狂磨”

有人向爱因斯坦提出了这样一个问题：“成功的秘诀是什么？”爱因斯坦便写下了这样一个公式：A=X+Y+Z。他说：“A=成功，X=艰苦劳动，Y=使用正确的方法，Z=少说空话。”

很多人之所以不成功，成为所谓的“职场狂磨”，是因为他们还不明白成功的真谛，即：艰苦劳动+正确的方法+少说空话。任何人，只有理解了这个真谛，才能脚踏实地，不再拖延，才能最后收获成功。

成功的人，未必都很完美，但他们有项特质是常人所没有的，那就是勤奋。一勤天下无难事。人们在年轻时，就培养出“艰苦劳动”的品性，并且在工作中永远不减勤勉且更加努力，那么这种无形的财产和力量将会成为你终生受用的法宝。

王亚南是我国著名的经济学家和教育家，新中国成立后任厦门大学校长直至去世，他为厦门大学的发展做出了巨大贡献。王亚南小时候胸有大志，酷爱读书。他在读中学时，为了争取更多的时间读书，特意把自己睡的木板床的一条脚锯短半尺，成为三脚床。每天读到深夜，疲劳时上床去睡一觉后迷糊中一翻身，床向短脚方向倾斜过去，他一下子被惊醒过来，便立刻下床，伏案夜读。天天如此，从未间断。结果他年年都取得优异的成绩。由于少年时勤奋刻苦读书，他后来终于成为我国杰出的经济学家和教育家。

有很多人渴望赢得成功，但又不愿意去努力工作，这些人都希望工作轻轻松松、一帆风顺，可是天下哪有这么便宜的事？在当今竞争十分激烈的时代，要想在职场中获得成功，必须保持勤奋的工作态度，要像蚂蚁一样勤劳，你才会因此拥有辉煌而充实的生活。早起的鸟儿有虫吃。艰苦劳动是一种需要长久坚持的人生信念，只有将“艰苦劳动”作为自己永久的座右铭，才能成就伟业。

“一打纲领不如一个行动”，说一千道一万，关键在行动。没有行动，任何口号都没有意义。要想成功地达到目标、实行计划、实现梦想，就必须少说空话，通过努力工作把任务具体落实下来。

许多成功的人之所以取得成功，就是因为他们敢想敢做。只有敢想才敢做，敢做才敢为。与其不行动而失败，不如行动了再失败，不战而败是一种极端怯懦的行为。如果想成为一个成功者，就必须具备坚强的毅力，以及勇气和胆略。当然，敢冒风险并非铤而走险，敢冒风险的勇气和胆略是建立在对客观现实科学分析的基础之上的。顺应客观规律，加上主观努力，力争从风险中获得利益，这是成功者必备的心理素质。

古时候，有两兄弟看到大雁就在眼前，两人弯弓欲射，偏偏在这时抬起杠来。一个嘀咕着射下来要这样烹着吃，另一个嚷嚷着射下来要那样煮着吃，却忘了开弓射，大雁就在两人的争论不休中飞远了。

在现实工作中，我们常常能看到这样的人：要么只会坐而论道，沉迷于文山会海，夸夸其谈，用嘴上、纸上的演示代替真正的行动；要么在面对一项任务时，不想着赶紧寻找解决方法，只是一味抱怨。结果，错失解决问题的最佳时机，到最后什么也做不成。

社会需要的不是嘴上说得漂亮的人，而是踏踏实实、肯干的人，嘴上说得再好，永远也比不上行动。只有认真实干的人，才能走到最前面。让我们大声地对自己说："再见，'职场狂磨'！"

启示：

传递你的正能量，让自己发光发热

你生活中的所有事物都是你吸引过来的，你将会拥有你心里想得最多的事物，你的生活也将变成你心里最经常想象的样子。这就是能量的吸引力法则！你可以这样理解，无论你的注意力或者能量集中在哪个方面，也无论这种注意力或者能量是消极的还是积极的，你都在吸引着它们成为你生活的一部分。

当我们整天抱怨自己的工作和生活时，我们将会使负能量成为生活不可缺少的部分。当我们换一种生活方式，让正能量充满我们的心灵，神奇的吸引力法则将会使"阳光"成为生活不可缺少的部分。消极拖延还是积极行动，取决于我们的心态。

生活中，多数人都会有这样一个不好的习惯，那就是当我们的心情糟糕和情绪不好时，总会迁怒于身边的家人和朋友，好像不这样，心中的怒火就无处发泄。这样一来，我们身边的人就成了出气筒，成为无辜的受伤者。其实这种现象就是心理学上著名的"踢猫效应"。

"踢猫效应"源自这样一个故事：

某公司董事长有一次看报看得太入迷以至忘了时间，为了不迟到，他在公路上超速驾驶，结果被警察开了罚单，最后还是误了时间。这位老董愤怒至极，回到办公室时，心头的怨气仍然无处发泄，他将销售经理叫到办公室训斥了一番。销售经理挨训之后，气急败坏地走出董事长的办公室，将秘书叫到自己的办公室并对他挑剔了一番。秘书无缘无故被人挑剔，自然是一肚子气，就故意找接线员的碴儿。接线员无可奈何、垂头丧气地回到家，对着自己的儿子大发雷霆。儿子莫名其妙地被父亲痛斥之后，满肚子的怨气无处可发，便将自己家里的猫狠狠地踢了一脚。

一般而言，当一个人的情绪变坏时，潜意识就会驱使他选择下属或无法还击的弱者发泄。受到上司或者强者情绪攻击的人又会去寻找自己的出气筒。

一些企业的管理者遇到挫折或不顺心的事就拿下属当出气筒，这样的领导者即使事业上取得了一定的成绩，也难有真正的成功。一个人如果不能与人为善，不能宽以待人，只会向周边释放消极的因子，成为心理疾病的一个传染源，导致所处环境的恶化，怎么能谈得上真正意义的事业成功呢?

成功者从来不把自己的怨气传染给别人，因为他明白，负能量是会传染的，一旦蔓延开来，将会殃及更多的人，产生更可怕的后果。

消极情绪则会造成紧张、烦恼甚至是充满敌意的气氛。而这样的坏情绪又会直接影响和波及你的家人、朋友和同事，也极有可能造成一系列连锁反应。就像扔进平静湖面的小石头，涟漪一波一波地扩散，也将情绪污染传播给了社会。

有哲人曾经说过：“心若改变，你的态度跟着改变；态度改变，你的习惯跟着改变；习惯改变，你的性格跟着改变；性格改变，你的人生跟着改变。”负面的情绪于己于人都不是什么好事，所以我们要想办法控制自己的情绪。

当人遇到不幸时，都会身不由己地向别人抱怨、诉苦，这无疑是一种发泄的手段，但这种方法实在是不可取的。

记住，千万不要把自己的怨气传染给别人。良好的情绪会让人有一种健康向上的心态，因此会形成一种轻松愉悦的气氛，感染身边的每个人都有一个愉快的心情。我们何乐而不为呢?

在现代社会竞争日趋激烈的生存与发展环境下，到处是诱惑和压力，只有拥有正能量的人，才能做到：对己，在压力下能保持从容的心态，面对突发事件较好地控制情绪；对人，能做到与人为善——真诚，宽容，大度，不斤斤计较，不迁怒于人。

拥有正能量的人，不仅使自己活在快乐的氛围中，还会对周围产生积极的影响力。这种影响力不同于能力，更不同于智力，影响力就好像一种独特的魅力，时时刻刻影响着我们，并且给予对方一种莫名其妙的力量，甚至可以影响身边的人终身。

只要在心里存着正能量，必能在内心强行开拓出一条道路。每天坚持不懈，采用更强烈的思考法则，心里的道路终会越来越宽，最终冲破消极思维的藩篱。当你回过头来就会发现，心头的正能量正在发挥着自己的作用：充满正能量的生活竟然少了拖延症的踪影！